다 팔아버리는 백억짜리 카피 대전

끌어당기고,
설득하고,
사로잡는, 불후의 카피들

오하시 가즈요시 **지음** | **신찬** 옮김

보누스

1분 만에 이해하는
'팔리는 카피'의 본질

문제

아래에 있는 바나나 그림을 보자. 시커멓게 숙성되어 진열대 구석으로 밀려난 바나나다. 여러분이라면 이렇게 검게 변한 바나나를 어떤 말로 판매할 것인가? 소비자에게 강제로 떠넘기지 않는 한 판매 방법에 제한은 없다. "누가 이런 걸 사요?"라고 핀잔을 들을지 모르지만, 책에서 소개하는 카피 기술을 적용하면 감쪽같이 '팔리는 상품'으로 둔갑한다. 1분이면 충분하다. 같이 생각해 보자.

생각해 보셨나요? 답은 18쪽에 있습니다.

"필요 없어요"에서 "갖고 싶어요"로

안녕하세요, 여러분. 시작부터 문제를 내서 죄송합니다. 제가 하는 일은 '세일즈 카피라이터'입니다. 한국어로 직역하면 '판매 문장 집필가' 정도일까요? 상품이 많이 팔리도록 돕는 문장을 쓰는 직업이죠. 이렇게 자기소개를 하면 "뻔뻔하군요." "별볼일 없는 상품도 팔죠?"라는 말을 듣는데, 물론 맞는 말입니다. 어떤 상품이든 잘 설명하면 잘 팔 수 있기 때문입니다.

이 책에서 이야기하는 카피라이팅은 곧 '팔리는 말 만들기'입니다. 이 기술을 올바르게 실천하면 아무리 팔기 어려운 상품이라도 성과를 낼 수 있어요. 지금까지 1,000건 넘는 카피를 써온 경험에서 나온 틀림없는 사실입니다. 극히 일부 사례만 말씀드리면, 저는 팔기 어려운 상품들을 맡아 아래 카피를 써서 성과를 냈습니다.

- 개당 20만 원짜리 트리트먼트제(미용실 판매용)
- 경영 부진으로 인해 원장이 편의점 아르바이트를 하는 입시 학원
- 수십 초만 바라보면 집중력이 향상되는 카드
- 1억 원이 넘는 고가의 금융 상품
- 최근에 출시했지만 소비자에게 알려지지 않은 골프 드라이브
- 속근육을 단련하는 10만 원짜리 트레이닝 기구

- 실적이 저조한 마케팅 컨설턴트
- 한 대에 700만 원 하는 물리치료 기기(물리치료 클리닉 또는 체형교정센터 판매용)
- 개당 10만 원인 고급 치약
- 참가비 54,000원인 고가 세미나
- 판매 실적 0건이었던 공기 순환 시스템
- 사는 사람이 적은 지역에 개업한 고급 PT 전문 피트니스 센터
- 고객 반응이 적은 부동산 회사 전단지

얼핏 카피와는 별 상관없어 보이는 상품도 카피를 잘 써서 판매 실적을 냈어요.(그림은 왼쪽부터 20만 원짜리 트리트먼트제, 개당 10만 원이나 하는 치약, 집중력 향상 카드, 유명 브랜드가 아닌 골프 드라이브입니다.)

물론 클라이언트의 마케팅 능력이 뛰어났던 이유도 큽니다. 비즈니스 성공을 퍼즐에 비유하면, 카피는 하나의 조각에 해당합니다. 하지만 퍼즐을 완성하려면 반드시 필요하고 매우 중요한 조각이죠. 다만 착각은 금물입니다. 카피라이팅은 아무 상관없는 사람에게 아무 상품이나 팔려고 거짓말을 하는 기술이 절대 아닙니다.

어떤 상품이라도 그것을 강하게 바라는 사람은 반드시 있기 마련이

죠. 카피라이팅은 이런 사람들을 찾아서 그들의 마음을 움직이는 제안을 생각하고, 그것을 매력적으로 전달하는 기술입니다. 정리하면, 원하는 사람에게 원하는 상품이나 서비스를 파는 기술인 셈이죠.

절대 거짓말로 판매하는 기술이 아니에요.

카피를 배우는 데 특별한 재능이나 감성이 필요한 것은 아닙니다. 문장력이나 표현력에 자신이 없어도 괜찮아요. 올바른 방법을 배우고 훈련해 실천하면 됩니다.

저는 2020년 4월부터 일본에서 카피라이팅을 가르치는 온라인 카페를 운영하고 있는데, 약 6개월이 지난 2020년 10월 시점에서 회원들에게 받은 성과 보고 일부를 소개하겠습니다. 그들 대부분은 카피 초보자였습니다.

- -

- 요양 시설의 채용 광고를 직접 만들어 채용 비용을 80% 절감한 동시에 이상적인 인재 확보에 성공(172쪽 참고)
- 쌀겨 베개를 판매하는 웹페이지에서 캐치 카피를 바꾼 뒤 매출이 전월 동월 대비 10배 증가(330쪽 참고)
- 인스타그램 광고로 코로나19 사태 속에서 오픈한 피트니스 센터의 회원 모집 대성공
- 여성 창업자 전문 컨설팅을 SNS에서 소개해 한 달에 37명이 신청
- 10명 신청하면 성공인 세미나에서 130명 신청에 성공
- 부업으로 블로그를 시작한 초보자가 광고를 집행해 월 120만 원 수익 창출

- 코로나로 인한 사회적 거리두기로 운영이 어려워진 노래 교실을 취미 애플리케이션에서 온라인 교실로 개설. 회원 수가 급증해 노래 교실 온라인화 성공
- 인지도가 거의 없는 해외 텀블러를 크라우드 펀딩으로 소개해 10시간 만에 목표 금액 달성
- 무용지물이던 메일 매거진 리스트 429건에 온라인 다이어트 지원 프로그램을 소개해 3명 계약
- 코로나 사태를 극복하려 배달 서비스를 시작한 음식점의 전단지를 배포해 132건 주문 성공
- 월 매출 30만 원이던 블로그 광고의 수익 110만 원 돌파
- 페이스북에서 라이브 이벤트로 참가자를 100명 확보한 디자이너
- 인스타그램을 이용해 12시간 만에 상담 마감 인원 8명 확보한 역술인
- 3개월 동안 신청 0건이었던 온라인 수공예 강좌에 신청자 쇄도
- 유료 정리정돈 커뮤니티를 개설하고 회원 모집 4일 만에 신청자 74명, 최종 135명 확보(카피라이팅을 배우기 전에는 신청자 0명)
- 온라인 강좌 사이트 개편으로 회원 수 및 매출 2배 증가. 홍보는 트위터에서만 진행. 광고비 0원으로 회원 확보 대성공
- 피트니스 무료 체험 온라인 광고로 ROAS 3,300 달성. 매출은 광고비 대비 33배 효과
- 경제지 웹사이트 칼럼 조회수 1위 등극

참고로 카페 회원들이 배운 내용은 '소구'와 '캐치 카피'밖에 없었습니다. 이 책에는 리드 카피와 보디 카피, 오퍼, 광고 테스트법, 레이아웃 등 많은 기술을 추가로 소개했습니다. 여러분도 카피로 매출이 달라지는 마법을 꼭 경험해 보시기 바랍니다.

차 례

제1장

팔리는 세계로의 초대: 문장보다 중요한 '전제'

제2장

고객이 돈을 지불하는 진짜 이유

제3장

모든 고객은 3가지 유형으로 분류된다

제10장

검토 중인 B형 타깃에 효과적인 9가지 표현법

제11장

구매욕이 낮은 C형 타깃에 효과적인 10가지 표현법

제12장

읽고 싶은 리드 카피 쓰는 법

제13장

고객을 홀리는 보디 카피 쓰는 법

제14장

지금 바로 매출이 오르는 보디 카피 21가지 표현법

오하시 씨

자수성가형 세일즈 카피라이터. 평소에는 카피라이팅을 배우는 온라인 카페를 운영하며 자신이 겪은 고객의 반응을 가감 없이 올리고, 회원들에게 '팔리는 문장' 쓰는 법을 가르친다.

직원

오하시 씨의 조수. 건축 토목 용품 회사에서 근무하다가 엉뚱한 인연으로 오하시 씨를 만나 카피의 세계에 흠뻑 빠져 이직했다. 억척스러운 성격이지만 클라이언트에게 전화나 메일로 재촉하는 걸 무척 어려워하는 의외로 소심한 여성이다. 최근에 후배가 생겨 기분이 좋다. 다이어트는 현재 진행 중.

견습생

오하시 씨의 견습생. 카피라이터를 '짧은 문장으로 돈 버는 직업'이라 쉽게 생각하고 업계에 뛰어들었다가 의외로 화려하지 않은 업계임을 알고 놀랐다. 논리적인 카피가 SNS를 비롯한 다방면에 도움이 된다는 사실을 깨닫고 기술 익히기에 고군분투 중이다. 음주와 록 음악을 사랑한다.

아이가 좋아하는 달콤한 바나나 케이크를 설탕 없이 만들 수 있어요!

검은 반점은 당도가 높아졌다는 신호! 바나나 케이크를 만드는 최고의 타이밍 입니다.

불면으로 고생하는 여러분께, 건강하게 숙면하는 비결을 알려드립니다.

완숙 바나나에는 신경 안정과 불면 완화에 효과적인 비타민B6와 세로토닌이 함유되어 있습니다.

완숙 바나나를 냄비에 넣기만 하면 하룻밤 숙성시킨 듯한 깊은 풍미를 가진 맛있는 카레를 만들 수 있어요.

양파를 갈색빛이 날 때까지 힘들여 볶을 필요가 없습니다.

채소를 싫어하는 아이의 변비를 간식으로 해소하는 방법.

식이 섬유 가득한 달고 맛있는 완숙 바나나로 변비! 안녕~.

'이런 답변은 전혀 생각지 못했어요.'라고
생각한 분도 안심하세요.
센스나 지식의 문제가 아니라 기술의 문제입니다.
이 책을 다 읽고 난 뒤 다시 이 문답을 읽어보세요.
장담컨대 '판매를 위한 시점'과 '표현법'이
자신도 모르게 머리에 떠오를 겁니다.

제1장

팔리는 세계로의 초대: 문장보다 중요한 '전제'

마케팅 카피의 본질은
무엇인가?

책 첫머리에서 살펴본 바나나 문제는 필자가 운영하는 카페와 강의에서 몇 번 출제한 적이 있는데, 엄청나게 다양한 답변을 받았다. 정답은 없지만 답변 예시는 18쪽과 같다. 언뜻 상품 가치가 없어 보이는 검게 변한 바나나도 얼마든지 새로운 수입원으로 창출할 수 있음을 보여준다.

이 문제는 마케팅 카피의 본질을 다루고 있다는 점에서 아주 중요한 의미가 있다. 마케팅에서 카피의 본질은 같은 상품이라고 해도 아이디어에 따라 다양한 언어로 판매할 수 있다는 점이다. 카피는 문장 표현만으로 상품을 판매하는 기술이 아니다. 소비자의 구매 욕구를 자극하는 아이디어(세일즈 아이디어)를 찾아 매력적으로 표현하는 기술이다.

예를 들어 다음 7가지 상품은 아이디어만 바꿔 판매에 성공한 사례들이다. 어떤 상품도 상품 그 자체만으로 판매하지 않았다. 상품이 아니라 '마케팅 아이디어'를 판매한 셈이다. 화살표 앞부분은 원래 상품의 특징, 뒷부분은 필자가 생각해 낸 마케팅 아이디어다.

마케팅 아이디어만 바꿔 판매 실적을 높인 상품 사례

상품 ① 수십 초만 보면 집중력이 향상되는 카드

→ 테니스 선수용 '시합 전 60초 만에 집중력을 높여 이기는 방법'

상품 ② 단돈 10만 원 속근육 단련 트레이닝 기구

→ 모델처럼 자세 미인이 되는 방법(어깨와 등 결림도 완치)

상품 ③ 판매 실적 0건인 팔리지 않는 공기 순환 시스템

→ 온돌 없이도 가능! 이것만 두면 발부터 따끈따끈해지는 '나만의 온실 공간'을
만들 수 있습니다. (게다가 난방비 최대 30% 절감)

상품 ④ 개당 20만 원인 비메이커 트리트먼트제(미용실 판매용)

→ 1회 5만 원! 재구매율 높은 트리트먼트 시술 코스 만드는 법을 알려드립니다.

**상품 ⑤ 1대에 700만 원인 물리치료 기구(물리치료 클리닉 또는 체형교정센
터 판매용)**

→ 1달에 150명 예약 쇄도! 인기 높은 체형 교정 시술 코스를 설치 당일부터 판
매할 수 있습니다.

상품 ⑥ 이제 막 시판하기 시작한 알려지지 않은 골프 드라이브

→ 스윙 실수로 '아차!' 했지만, 어찌된 일인지 공이 똑바로 날아간다!

상품 ⑦ 실적이 저조한 마케팅 컨설턴트

→ 세무사 여러분께, 계약이 끊이지 않는 '고문료 월 50만 원' 상담 코스를 만들
어드립니다.

팔리는 아이디어는
'만드는 것'이 아니라 '줍는 것'

아무리 현란한 문장을 구사해도 팔리지 않는 상품은 팔리지 않는다. 지금까지 1,000건 이상 마케팅 카피를 써왔지만 이 말은 진리다. 중요한 것은 '팔리는 아이디어'가 있는지 없는지, 즉 전제다.

> 언어로 표현 가능한 팔리는 아이디어가
> 있는지 없는지가 관건이죠.

특별한 재능은 필요 없다

'번뜩이는 천재적인 두뇌가 필요한가요?'라고 생각할지 모르겠지만 그렇지 않다. 팔리는 아이디어는 '만드는 것'이 아니라 '줍는 것'이다. 여러분의 머리로 생각을 짜내 만드는 것이 아니라 고객의 머리에서 줍는 것이라는 말이다. 따라서 천재적인 발상보다는 고객에 대한 깊은 이해가 필요하다.

팔리는 세계를 찾기 위한 3단계

'어떻게 전달할까?' '무슨 말을 해야 팔릴까?'라는 생각은 버리자. 그대신 '고객이 원하는 건 뭘까?' '어디에 흥미와 관심이 있을까?'라는 관점으로 사고하자. 그래야 팔리는 아이디어가 떠오르고 팔리는 카피를 쓸 수 있는 비결이 생긴다. 고객의 강한 욕구가 바로 '팔리는 세계' 그 자체인 셈이다. 왜냐하면 고객은 강한 욕구를 충족하기 위해 소비를 하기 때문이다. 간략히 소개하면,

---

1단계: 고객의 머릿속에 존재하는 '팔리는 세계' 찾기

2단계: 팔리는 세계에서 효과적인 '제안' 생각하기

3단계: 제안을 매력적으로 전달하기

이 3단계를 거쳐 팔리는 카피를 완성할 수 있다. 다음에 이어질 제2장부터 제5장까지는 팔리는 아이디어를 구상하는 방법에 관해 구체적으로 알아보자.

마케팅에서의 카피란? ⋯⋯⋯⋯⋯⋯⋯⋯⋯⋯⋯⋯⋯⋯⋯⋯

- 문장 표현만으로 성과를 올리는 기술이 아니다.

- 팔리는 아이디어를 찾아 매력적으로 표현하는 기술이다.

- 같은 상품이라도 아이디어에 따라 다양한 언어를 구사해 판매할 수 있다.

팔리는 아이디어란? ⋯⋯⋯⋯⋯⋯⋯⋯⋯⋯⋯⋯⋯⋯⋯⋯⋯

- '만드는 것'이 아니라 '줍는 것'이다.

- 고객의 머릿속에서 아이디어를 줍는다.

- 읽는 이의 욕구나 흥미, 관심에서 시작한다.

팔리는 카피를 완성하는 3단계 ⋯⋯⋯⋯⋯⋯⋯⋯⋯⋯⋯⋯

① 고객의 머릿속에 존재하는 팔리는 세계(=강한 욕구) 찾기

② 팔리는 세계에서 효과적인 제안 생각하기

③ 제안을 매력적으로 전달하기(카피 작성)

제2장

고객이 돈을 지불하는
진짜 이유

상품의 특징이나 메리트는
중요하지 않다

팔리는 아이디어를 만들려면 반드시 알아야 할 것이 있다. 바로 고객이 돈을 지불하는 '이유'다.

고객은 왜 돈을 지불하는가?

고객은 왜 돈을 지불할까? 상품 자체를 갖기 위해서? 아니면 상품의 특징이나 메리트(merit), 기능이 필요해서?

만약 고객이 그 상품의 가치를 잘 알고 당장 필요하다고 느끼고 있다면 이는 맞는 말이다. 예를 들어 인기 아이돌 그룹의 열렬한 팬이 콘서트 티켓을 구하거나, 코로나19로 마스크 부족 사태가 발생했거나, 발매하면 바로 품절되는 인기 게임을 자녀에게 생일 선물로 주겠다고 약속했거나, 이외에도 다양한 상황을 생각해 볼 수 있다. 하지만 이런 상황은 발생 빈도가 극히 낮다. 보통은 고객이 그다지 원하지 않는 상황 속에서 판매를 이끌어내야 한다.

고객이 '그다지 원하지 않는 상황'에서 판매하려면?

이런 상황을 돌파하려면 어떻게 해야 할까? 상품의 특징이나 메리트를 철저히 파악해서 전달하면 될까?

답변은 'NO'다. 고객은 상품을 갖기 위해 돈을 지불하지 않는다. 고객은 상품으로 얻을 수 있는 즐거운 미래를 바라며 돈을 지불한다.

'즐거운 미래'를 '베네핏'이라고 부른답니다.

고객은 상품 자체나 특징, 메리트가 아니라 베네핏(benefit)에 가치를 느끼고 돈을 지불한다.

지갑이 열리는 순간은
언제인가?

'베네핏'을 전달하지 않는 카피는 판매 목적이 없는 카피와 다름없다. 아무리 상품 설명을 잘해도 베네핏을 알 수 없다면 가치 없는 정보에 지나지 않는다. 다음 카피 예시를 보고 어느 쪽에 더 가치를 느끼는지 고객의 입장이 되어 찾아보자.

문제	어느 쪽에 가치를 더 느끼는가?

어깨 결림으로 고생하고 있다고 생각하고 읽어보자.

3분이면 견갑골 주변이 완화되는 '○○ 필라테스 폼롤러'	**어깨 결림이 말끔히 완치** 3분이면 견갑골 주변이 완화되는 '○○ 필라테스 폼롤러'

낚시용 방한복이 필요하다고 생각하고 읽어보자.

최신형 발열 방한 기능을 장착한 '○○ 피싱웨어'	**한겨울 밤낚시에도 후끈후끈 땀이 나는** 최신형 발열 방한 기능을 장착한 '○○ 피싱웨어'

새 사무실을 구하는 컨설턴트라고 생각하고 읽어보자.

'○○ 공유 오피스' 20명이 모일 수 있는 회의실을 자유롭게 사용 가능	**세미나 개최 완전 무료** **'○○ 공유 오피스'** 20명이 모일 수 있는 회의실을 자유롭게 사용 가능

외국어는 못하지만 첫 해외여행을 계획 중이라고 생각하고 읽어보자.

0.3초면 음성 번역 '○○ 외국어 번역 앱'	**외국어를 못해도** **안심하고 여행을 떠나라** 0.3초면 음성 번역 '○○ 외국어 번역 앱'

고객의 입장이 되어 생각해 보면 금세 알 수 있다. 모두 오른쪽 카피에 더 '가치'가 느껴질 것이다. 베네핏 정보가 있는 카피는 고객이 바라는 즐거운 미래를 제시하고 있다. 즉 베네핏 정보가 있는 카피는 얼핏 보더라도 흥미와 관심을 유발한다.

'베네핏과 메리트가 어떻게 달라요?'라고 생각하는 분도 있을지 모르겠다. 이 둘은 명백히 다른 개념이다. 이 차이를 정확히 이해하지 못하면 베네핏을 매력적으로 전달하는 카피를 쓸 수 없다.

헷갈리지 말자!
베네핏의 개념을 완전히 이해하는 방법

카피라이팅을 가르치는 분들 중에도 베네핏과 메리트를 혼동하는 사람이 많다. 예를 들어 '골프 드라이브'를 구매한다고 생각하고 어느 쪽이 베네핏인지 구분해 보자.

문제	어느 쪽이 '베네핏'인가?
신소재 / 신기능 / 유명 프로선수도 사용 / 경량, 우수한 그립감 / 견고함 / 최신 유행 / 멋진 디자인	비거리 증가 / 높은 직진성 / 실력 향상 / 관심 집중 / 주위의 칭찬 / 타격 순간, 멈추지 않는 웃음

정답은 오른쪽이다. 왼쪽은 메리트 또는 특징이고, 오른쪽이 바로 베네핏에 해당하는 요소다.

양쪽의 차이를 구분하지 못하는 사람도 있겠지만 너무 낙담하지는 말자. 지금부터 베네핏과 메리트의 차이를 완전히 이해하기 위한 트레이닝을 할 테니 말이다.

베네핏은 결과, 메리트는 이유

다시 말하지만 베네핏은 '고객이 바라는 즐거운 미래'를 의미한다. 바꿔 말하면 갖고 싶은 결과물이나 행복감이다.

반면에 메리트나 특징은 '베네핏을 만드는 근거'라고 생각하자. 즉 고객이 바라는 즐거운 미래, 갖고 싶은 결과물, 줄곧 원해온 행복감을 만드는 것이 메리트 또는 특징이다.

베네핏 = 고객이 바라는 즐거운 미래(결과물, 행복감)

메리트 또는 특징 = 베네핏을 만드는 근거

그럼 이 개념을 숙지한 뒤 앞서 소개한 카피 예시를 다시 살펴보자.

트레이닝 ① (타깃: 어깨 결림으로 고생하는 사람)

어깨 결림이 말끔히 완치
3분이면 견갑골 주변이 완화되는
'○○ 필라테스 폼롤러'

'어깨 결림이 말끔히 완치'는 타깃이 바라는 즐거운 미래, 즉 베네핏이다. 그럼 어떤 부분이 베네핏을 만드는 근거일까?

앞에서 배웠다시피 '3분이면 견갑골 주변이 완화' 부분이다. 이것이

곧 메리트 또는 특징인 셈이다.

트레이닝 ① 정답

어깨 결림이 말끔히 완치 (베네핏)

3분이면 견갑골 주변이 완화되는 (메리트 또는 특징)

'○○ 필라테스 폼롤러' (상품명)

계속해서 트레이닝 ②와 ③을 살펴보자.

트레이닝 ② (타깃: 낚시용 방한복을 찾는 사람)

한겨울 밤낚시에도 후끈후끈 땀이 나는

최신형 발열 방한 기능을 장착한

'○○ 피싱웨어'

트레이닝 ② 정답

한겨울 밤낚시에도 후끈후끈 땀이 나는 (베네핏)

최신형 발열 방한 기능이 장착된 (메리트 또는 특징)

'○○ 피싱웨어' (상품명)

트레이닝 ③ (타깃: 새 사무실을 구하는 컨설턴트)

세미나 개최 완전 무료
'○○ 공유 오피스'
20명이 모일 수 있는 회의실을 자유롭게 사용 가능

트레이닝 ③ 정답

세미나 개최 완전 무료 (베네핏)
'○○ 공유 오피스' (상품명)
20명이 모일 수 있는 회의실을 자유롭게 사용 가능 (메리트 또는 특징)

메리트 또는 특징은 '베네핏을 만드는 근거'랍니다.

컨설턴트는 세미나를 열 일이 많은 직업이다. 따라서 그때마다 매번 회의실 사용료를 지불하면 큰 비용이 발생한다.

즉 타깃이 바라는 즐거운 미래(베네핏)는 '세미나 개최 완전 무료'이며, 이 베네핏을 만드는 근거(메리트)는 '20명이 모일 수 있는 회의실을 자유롭게 사용 가능'하기 때문인 것이다.

마지막으로 한 문제만 더 살펴보자. 아래 카피의 어느 부분이 베네핏이라고 생각하는가?

문제	다음 중 '베네핏'을 고르시오.

- 끊이지 않는 회원 가입 신청 전화
- 학생 모집 전단지 작성법
- 100곳 이상의 입시 학원에서 효과 검증 완료

지금까지의 트레이닝으로 베네핏과 메리트 또는 특징의 차이를 제대로 이해했는지 알아보자. 카피의 주연은 '베네핏'이고 '메리트 또는 특징'은 조연이라고 생각하면 이해하기 더 쉬울 것이다.

정답은 '끊이지 않는 가입 신청 전화'가 베네핏이다. '100곳 이상의 입시 학원에서 효과 검증 완료'는 메리트 또는 특징이며 '학생 모집 전단지 작성법'은 상품명으로 생각하는 것이 적절하다.

팔리는 베네핏을 구상하는
2가지 방법

"베네핏이 무엇인지는 이해했지만, 베네핏이 잘 떠오르지 않아요."라는 분도 많다. 아래 2가지 방법을 읽으면 도움이 될 것이다. 잘 숙지해서 고객이 바라는 베네핏을 찾아내자.

방법1 그렇다면? 질문법

'그렇다면? 질문법'을 활용하면 어떤 상품에서도 베네핏을 도출해 낼수 있다. 방법은 간단하다. 일단 상품의 메리트 또는 특징을 가능한 한 많이 나열한다. 그리고 각각에 '그렇다면?' 하고 질문을 붙여보면 된다.

'골프 드라이브'를 예로 들어 설명해 보자.

---

1) 가벼워서 다루기 쉽다. (메리트 또는 특징)

　그렇다면? ↓

2) 스윙이 편하다. (메리트 또는 특징)

　그렇다면? ↓

3) 비거리가 증가한다. (베네핏)

　그렇다면? ↓

4) 타수를 낮출 수 있다. (베네핏)

　그렇다면? ↓

5) 시합에서 이길 수 있다. (베네핏)

이처럼 '가벼워서 다루기 쉽다'라는 메리트에 '그렇다면?' 하고 질문을 붙인다. 그러면 새로운 메리트나 특징, 나아가 새로운 베네핏을 연달아 떠올릴 수 있다.

이후로는 베네핏이 나왔는데도 계속 '그렇다면? 질문법'을 구사했다. 이 방법을 이용하면 하나의 베네핏만 있어도 새로운 베네핏을 무수히 도출해 낼 수 있다.

예를 들어 '시합에서 이길 수 있다'에 '그렇다면?' 하고 또 질문을 붙여보자. '동료에게 칭찬받는다'와 같이 새로운 베네핏이 떠오를 것이다.

방법 2 타깃 명확히 설정하기

'그렇다면? 질문법'으로 베네핏을 여럿 얻어냈다면, 이제는 그중에서 카피로 쓸 베네핏을 '선택'해야 한다. 베네핏은 고객이 가장 바라는 즐거운 미래여야 한다. '그렇다면? 질문법'으로 뽑아낸 수많은 베네핏을 모두 쓸 수는 없다. 대충 고르지 말고 타깃이 가장 격한 반응을 보일 만한 베네핏을 고심해서 선정하자.

여기서 중요한 것은 타깃을 명확히 설정하는 일이다. 타깃의 고민이나 욕구, 흥미, 관심을 구체적으로 알지 못하면 실제 반응을 이끌어낼 베네핏도 선정하기 힘들다. 타깃을 명확히 설정하는 방법은 다음 장에서 상세히 설명하겠다.

베네핏이란? ···

- 상품에서 얻을 수 있는 즐거운 미래(결과물, 행복감)
- 고객은 상품의 특징이나 메리트가 아니라 베네핏에 돈을 지불한다.
- 베네핏이 없는 카피는 판매할 생각이 없는 카피와 다름없다.

메리트와 혼동하지 말자 ···

- 메리트 또는 특징은 베네핏을 만드는 근거다.
- 베네핏을 보강하는 요소로써 메리트가 존재한다.

베네핏을 도출하는 2가지 방법 ···

① 그렇다면? 질문법으로 여러 베네핏들을 뽑아낸다.
② 타깃을 명확히 설정하고 타깃이 가장 바라는 베네핏을 선정한다.

제3장

모든 고객은
3가지 유형으로 분류된다

무턱대고 페르소나부터
만들지 말라

앞서 베네핏이 없는 카피는 판매할 생각이 없는 카피와 다름없다고 했다. 하지만 그렇다고 해서 고객이 바라지 않는 베네핏을 강조하는 것도 전혀 의미가 없다. 따라서 타깃이 진심으로 바라는 안성맞춤 베네핏을 어필해야 한다. 그러려면 타깃의 고민이나 욕구, 흥미나 관심 등을 깊이 이해하고 타깃을 명확히 설정하는 것이 중요하다. 상대가 누군지도 모르는데 설득할 말을 만들어낼 수는 없는 노릇이다. 이번 장에서는 타깃을 명확히 설정하는 방법을 알아보자.

페르소나를 만들기 전에 생각해야 할 것

'타깃'에 관해 이야기를 하면 많은 사람이 '페르소나 만들기'를 먼저 떠올린다.

> 페르소나란 잠재 고객의 인물상(프로필)을 말해요.

물론 타깃을 설정할 때 페르소나는 중요하다. 하지만 무턱대고 페르소나부터 생각하는 것은 위험하다. 사지도 않을 타깃을 만들어내고는, 팔리지 않는 세계에 갇혀 계속 헛수고만 하기 십상이다.

타깃을 명확히 설정하려면 페르소나를 만들기 전에 해야 할 일이 있다. 바로 상품을 구매해 줄 타깃층을 사전에 판단하는 일이다.

누가 구매하나?

어떤 상품이든 타깃층은 크게 3가지로 분류할 수 있다. 다시 말해 모든 상품에는 A형, B형, C형이라는 타깃 유형이 존재한다. 그리고 상품을 구매할 가능성이 가장 높은 고객도 이 세 유형 중 하나다. 이에 따라 A, B, C 중 구매 가능성이 가장 높은 타깃 유형을 사전에 판단할 수 있다.

즉 구매 가능성이 가장 높은 사람을 판단하는 일이 먼저고 페르소나는 그 다음이다. 구체적으로 말하면 다음 과정을 거쳐 타깃을 명확히 설정한다.

----

① 타깃의 3가지 유형을 인지하고
② 그중 구매 가능성이 가장 높은 유형을 판단한 뒤
③ 페르소나를 만든다.

3가지 타깃 유형

어떤 상품이라도 다음과 같은 3가지 유형의 타깃층이 존재한다.

A형 타깃: 상품을 구매하고 싶다! 정말 흥미가 많다.

B형 타깃: 상품을 알고는 있지만 아직은 갖고 싶지 않다.

C형 타깃: 베네핏에는 흥미가 있지만 상품을 알지 못한다.

위의 세 유형은 필자가 이전에 쓴 책인 《구매 버튼 클릭을 유도하는 문장술》에 등장했던 '상품 인지 스테이지'와 비슷한 개념이다. 구매 가능성이 가장 높은 사람을 찾으려면 먼저 A, B, C형 타깃의 특성을 각각 정리해서 살펴봐야 한다. 그럼 구체적인 예를 들어보자.

버터로 알아보는 3가지 타깃 유형

버터는 누구나 아는 상품이며 마트에 가면 쉽게 구할 수 있다.
이런 일반적인 상품도 타깃 유형을 3가지로 분류할 수 있다.

A형 타깃 상품을 구매하고 싶다! 정말 흥미가 많다.

예) 버터를 많이 사용하는 프랑스 음식점 셰프

B형 타깃 상품을 알고는 있지만 아직은 갖고 싶지 않다.

예) 건강을 의식해 마가린에서 버터로 바꿀 생각이 있는 사람

C형 타깃 베네핏에는 흥미가 있지만 상품을 알지 못한다.

예) 맛있는 카레를 만들고 싶은데 버터가 무슨 역할을 하는지 모르는 사람

C형 타깃은 '카레의 풍미를 높여주는 버터의 역할'을
모른다는 의미예요.

주택 리모델링으로 알아보는 3가지 타깃 유형

'주택 리모델링'도 일반적으로 알려진 상품이다.
어떤 지역이든 인테리어 업체가 있기 마련인데, 이 경우도
타깃 유형을 3가지로 분류할 수 있다.

A형 타깃 상품을 구매하고 싶다! 정말 흥미가 많다.

예) 누수가 심해서 지금 당장 집을 손보고 싶은 사람

B형 타깃 상품을 알고는 있지만 아직은 갖고 싶지 않다.

예) 집이 노후해 보수할 시점을 고려하고 있는 사람

C형 타깃 베네핏에는 흥미가 있지만 상품을 알지 못한다.

예) 아이가 천식을 앓고 있지만 알레르기 원인 물질을 막아주는 리모델링이 있다는 사실을 모르는 사람

버터나 주택 리모델링 예시에서 C형 타깃의 존재를 미처 깨닫지 못한 사람도 많을 것이다. 시야를 조금만 더 넓혀보면 다양한 타깃이 있다는 것을 알 수 있다.

다음은 이 세 유형 중 어떤 타깃을 주요 목표로 삼아야 하는지 사전에 판단하는 방법을 알려준다. 구매 가능성이 가장 높은 타깃을 찾는 과정이다.

구매 가능성이 가장 높은 타깃 유형을 판단하는 방법

카피를 작성할 때 가장 흔한 실수가 '구매할 생각이 없는 사람'에게 계속 어필하는 것이다. 반대로 말하면 '구매 가능성이 가장 높은 사람'을 파악한 다음 그들을 목표로 카피를 쓰면 확실한 반응을 얻을 수 있다.

앞서 타깃 유형을 A형, B형, C형으로 분류했다. 여기서는 구매 가능성이 가장 높은 유형을 판단하는 방법에 관해 알아보자.

타깃의 욕구 강도와 타깃 수의 관계

먼저 A, B, C형 타깃의 욕구 강도와 타깃 수의 관계를 알아야 한다. 어떤 상품이든 C형 타깃에서 A형 타깃 순으로 타깃 수는 점점 감소하고 욕구는 점점 강해진다. 욕구가 가장 강한 A형 타깃은 누구에게나 매력적인 타깃층이다. 하지만 타깃 수가 적고 경쟁자도 그만큼 많기 때문에 A형 타깃만으로는 판매 성과를 내기가 어려울 수 있다.

따라서 상품 대부분은 B형 타깃 또는 C형 타깃에서 승부를 봐야 한다. 구매 가능성이 가장 높은 타깃층을 판단할 때는 기본적으로 희망적인 사고를 버리는 것이 좋다. 그다음 '상품의 잠재력'을 철저히 파악해서 목표로 삼아야 할 타깃 유형을 냉정히 판단한다. 이제 구체적인 판단 방법을 살펴보자.

C형에서 A형을 향해 위로 올라갈수록 타깃 수는 감소하지만 욕구는 강해진다

A형
정말 흥미가 많다.

B형
상품을 알고는 있지만
아직은 갖고 싶지 않다.

C형
베네핏에는 흥미가 있지만
상품을 알지 못한다.

A형 타깃을 목표로 삼을 때의 판단 기준

A형 타깃의 심리 상태

상품을 구매하고 싶고 강한 흥미를 갖고 있는 타깃

- 구체적으로 상품을 찾고 있으며 조건이 맞으면 당장 사고 싶다.

누구나 A형 타깃을 주요 목표로 삼고 싶겠지만, 다음 3가지를 고려해 판단하는 것이 좋다.

① 브랜드에 강점이 있는가?

여러분의 상품이 업계에서 신용이 높고 가치가 증명되어 많은 사람이 인지하고 있다면 A형 타깃에서 승부를 볼 수 있다.

② 고객과의 신뢰 관계가 두터운가?

브랜드에 자신이 없더라도 재구매율이 높은 고정 고객층이 있다면 이들은 분명 A형 타깃에 해당한다. SNS 팔로워 수가 많거나 여러분을 열렬히 지지하는 댓글이 많다면 A형 타깃을 목표로 한 카피로 승부를 볼 수 있다.

③ 강렬한 오퍼가 있는가?

여기서 오퍼란 '매력적인 거래 조건'을 말한다. 만약 경쟁사보다 압도적으로 뛰어난 오퍼가 있다면, 브랜드에 자신이 없거나 고정 고객층이 없어도 A형 타깃을 목표로 삼을 수 있다. 다만 이때 오퍼가 상상 이상으로 강렬해야 한다. 오퍼에 관해서는 제16장에서 자세히 다루겠다.

B형 타깃을 목표로 삼을 때의 판단 기준

B형 타깃의 심리 상태
상품을 알고는 있지만 아직 갖고 싶지 않은 타깃 – '어떡하지?' '어떤 걸로 사지?' 검토 중인 고객

B형 타깃은 다른 상품과 비교해서 결정하는 성향의 타깃층이다. 이

타깃을 목표로 삼을지 판단하는 기준은 2가지다.

----

① 매력적인 '차별화 요인'이 있는가?

'타 상품을 압도하는 차이점'이 핵심이다. 경쟁 상품이나 기존 상품과 명확히 구분되는 차이점이 있다면 B형 타깃에서 승부를 볼 수 있다.

② 다른 상품보다 뛰어난 오퍼가 있는가?

품질이 경쟁사와 유사하면 고객은 오퍼의 차이를 검토한 뒤에 구매를 결정한다. 즉 타사의 유사 상품보다 오퍼 조건이 좋다면 B형 타깃에서 승부를 볼 수 있다.

C형 타깃을 목표로 삼을 때의 판단 기준

C형 타깃의 심리 상태
베네핏에는 흥미가 있지만 상품을 알지 못하는 타깃
- '무슨 좋은 방법이 없을까?' '어떻게 해야 좋을까?' 고민과 욕구가 막연하다.

A형 타깃이나 B형 타깃에 비해 구매욕이 현저히 낮아 판매가 여의치 않은 타깃층이다. 다음 3가지 질문 중 하나라도 해당한다면 목표로 삼아야 하는 타깃층이다.

---

① 차별화가 어려운가?

경쟁 상품이나 기존 상품과 명확히 구분되는 차이점이 없고 타 상품보다 품질이 낮다.

② 타 상품보다 오퍼 조건이 나쁜가?

품질은 경쟁사와 유사하지만 오퍼 조건이 나쁘다.

③ 새로운 상품인가?

'이전에는 없었던 새로운 상품이나 서비스'를 판매하는 경우에 해당한다. 타깃이 상품의 가치를 전혀 모른다면 C형 타깃을 목표로 하는 것이 좋다. 기존 상품을 새로운 시장에 판매할 때도 이 경우에 속한다.

이와 같은 판단 기준을 세워 목표로 삼을 타깃을 충분히 검토하자. 만약 '지금까지 타깃 설정이 잘못됐어.'라고 느껴진다면 중요한 깨달음을 얻는 셈이다.

> 팔리는 세계로 뛰어들려면
> 팔리지 않는 세계를 먼저 알아야 해요.

목표 타깃을 정확히 설정하고 나면, 다음부터는 여러분의 상품을 사려는 사람이 눈에 보이기 시작할 것이다.

살아 움직이는 페르소나
만드는 법

목표 타깃을 정했다면 이제 페르소나를 만들 차례다. 다음 체크리스트를 참고해 구체적인 고객의 인물상을 그려보자.

페르소나 체크리스트
이름, 나이, 성별, 거주지, 직업, 직위, 연간 수입, 저축액, 취미, 관심사,
고민, 욕구, 가족 구성, 친구 등 인간관계, 생활 패턴, 가치관, 성격, 습관 등

페르소나를 만들 때 위 항목 모두를 생각할 필요는 없다. 필요하다고 생각하는 항목이 있으면 추가해도 된다. 예를 들어 의류 상품이라면 '평소 패션' 항목을 추가할 수 있을 것이다.

페르소나의 완성 기준
의외로 페르소나를 만들 때 반드시 필요한 과정은 이름 붙이기다. 신기하게도 페르소나에 이름을 붙이면 타깃의 얼굴 이미지까지 떠올릴 수 있다. 고객의 표정, 목소리, 나아가 행동까지 이미지화할 수 있으면 페르소나 만들기가 완성되었다고 볼 수 있다.

그럼 실제 페르소나의 예시를 살펴보자. 아래는 입시 학원을 대상으로 학생 모집 전단지를 제작할 때 만들었던 페르소나의 예시다.

이름… 후쿠오카 신이치(57세 남성, 오사카부 세츠시 거주)

가족관계… 아내와 살고 있으며 26세 외동딸은 독립

직업… 소규모 입시 학원 운영(창업 20년 차, 주로 중학생 대상, 강사는 원장과 아르바이트생 2명)

직위… 원장

성격… 성실하지만 남보다 부족한 점을 솔직히 인정하지 못하는 고집도 있다.

연간 수입… 최고 8,000만 원을 번 적도 있지만 지금은 3,500만 원(파트타임으로 일하는 아내의 수입까지 합하면 4,500만 원)

취미… 일이 취미, 일에서 보람을 느낀다.

인간관계… 일밖에 모르는 타입이라 사적인 교류가 있는 친구는 없다.

관심사… 다른 학원은 학생을 어떻게 모집할까?

고민… 지역 밀착형 학원인데 부근에 대형 학원이 생기면서 학생 수가 줄었다. 어떻게든 해볼 생각으로 직접 모집 전단지를 만들어 배포도 해봤지만 반응이 없다. 인쇄비와 인건비를 생각하면 전단지 배포는 하면 할수록 적자인 상태다. 올해 들어 학생 수가 가장 많이 줄었다. 중학교 3학년이 졸업하면 학생 수는 한 자리가 된다. 어떻게 해야 할지 모르겠다.

욕구… 중학교 3학년은 1년밖에 나오지 않기 때문에 중학교 1학년, 2학년 학생도 늘리고 싶다. 가능하면 성실한 학생이나 성적이 우수한 학생이 오면 좋겠다. 학원 평판이 좋아지니까.

일에 대한 자부심… 지도력에는 자신 있다. 성적이 좋아진 학생도 많고 고등학교 입시 합격률도 괜찮다. 다만 스파르타식이다. 엄격하게 혼내는 건 기본이며 때로는 보호자에게도 엄격하게 대한다.

가치관… 학력이 다는 아니지만 학력이 좋으면 인생의 선택지가 늘어난다. 학원 강사는 성적뿐만 아니라 학생의 인간성도 관리해줄 의무가 있다. 강사가 아니라 교육자로 살고 싶다. 자식에게 너그러운 부모가 많기 때문에 일부러라도 학생들에게 엄격하게

어떤가? 페르소나 예시를 보고 나니 안경을 쓴 다소 엄격해 보이는 후쿠오카 선생님이 학생들을 혼내는 모습이 떠오르지 않는가?

마음을 움직이는 문장을 만들려면? ··

- 타깃이 강하게 바라는 '안성맞춤 베네핏'이 필요하다.

- 상대를 모르면 적절한 베네핏도 알 수 없다.

- 타깃을 명확히 한다.

타깃층을 설정하는 3단계 ···

1단계 3가지 타깃 유형 인지

2단계 구매 가능성이 가장 높은 타깃을 판단

3단계 페르소나 만들기

모든 상품에 존재하는 타깃의 3가지 유형 ·······························

A형 타깃 상품을 구매하고 싶다! 정말 흥미가 많다.

B형 타깃 상품을 알고는 있지만 아직은 갖고 싶지 않다.

C형 타깃 베네핏에는 흥미가 있지만 상품을 알지 못한다.

구매 가능성이 가장 높은 타깃은 사전에 판단할 수 있다 ··············

A형 타깃을 목표로 삼을 때의 판단 기준

① 브랜드에 강점이 있다.

② 고객과의 신뢰 관계가 두텁다.

③ 강렬한 오퍼가 있다.

B형 타깃을 목표로 삼을 때의 판단 기준

① 매력적인 '차별화 요인'이 있다.

② 다른 상품보다 뛰어난 오퍼가 있다.

C형 타깃을 목표로 삼을 때의 판단 기준

① 차별화가 어렵다.

② 타 상품보다 오퍼 조건이 나쁘다.

③ 새로운 상품이다.

'살아 움직이는 페르소나' 만드는 법 ··

[페르소나 항목] 이름, 나이, 성별, 거주지, 직업, 직위, 연간 수입, 저축액, 취미, 관심사, 고민, 욕구, 가족 구성, 친구 등 인간관계, 생활 패턴, 가치관, 성격, 습관 등

- 이외에 필요하다고 생각되는 항목이 있으면 추가한다.

- 페르소나에 이름을 붙이면 타깃의 얼굴 이미지까지 떠올릴 수 있다.

- 페르소나 완성 기준은 고객의 표정을 비롯해 목소리, 나아가 '행동'까지 이미지
  화할 수 있어야 한다.

제4장

타깃 유형별 안성맞춤 소구 만드는 법

타깃 유형별로 효과적인
소구가 다르다?

타깃 유형 A, B, C는 마음을 움직이는 제안 포인트가 각각 다르다.

마트에서 한 판매원이 "방송에도 소개된 맛있고 건강한 무염 버터를 50% 할인된 가격으로 판매합니다!"라고 소리치며 어필하고 있다.

앞서 소개한 타깃을 한 번 더 상기해 보자. 다들 버터를 구매할 것 같아 보이지만, 위 말을 듣고 과연 모두가 흥미를 느낄까?

A형 타깃: 버터를 많이 사용하는 프랑스 음식점 셰프

B형 타깃: 건강을 의식해서 마가린에서 버터로 바꿀 생각이 있는 사람

C형 타깃: 맛있는 카레를 만들고 싶은데 버터의 역할을 모르는 사람

C형 타깃은 자신과 전혀 상관없는 소리로 들릴 것이다. 버터의 필요성을 느끼지 못하는 고객이기 때문이다. 앞 장에서 배운 타깃별 '심리 상태'를 다시 정리해 봤다. 각 타깃 유형은 상품에 관한 지식이나 흥미, 관심, 욕구, 고민 등이 각기 다르다. 그래서 타깃 유형별로 고객의 마음을 사로잡는 제안이 무엇인지 생각해 볼 필요가 있다.

타깃 유형별 심리 상태 정리

A형 타깃 상품을 구매하고 싶고 강한 흥미를 갖고 있다.

구체적 방법으로 상품을 찾고 있으며 조건이 맞으면 당장 사고 싶다.

또는, 선호하는 상품이며 판매를 기다리고 있다.

B형 타깃 상품을 알고는 있지만 아직 갖고 싶지 않다.

'어떡하지?' '어떤 걸로 사지?' 검토 중이다.

C형 타깃 베네핏에는 흥미가 있지만 상품을 알지 못한다.

'무슨 좋은 방법이 없을까?' '어떻게 해야 좋을까?' 고민과 욕구가 막연하다.

소구는 곧 팔리는 제안

'제안'을 광고 용어로 '소구(訴求)'라고 한다.

앞으로는 '팔리는 제안'을 '소구'라고 부를게요.

소구는 카피에서 가장 중요한 요소다. 나중에 배울 캐치 카피나 보디 카피도 모두 소구를 기준으로 삼아 메시지를 구상한다. 따라서 소구가 올바르지 않으면 팔리지 않는 카피가 된다. 그럼 지금부터 각 타깃 유형별로 효과적인 소구법을 알아보자.

A형 타깃
'구매욕이 높은 고객'을 사로잡는 소구법

'상품명'과 '매력적인 오퍼'를 확실히 보여주는 것이 중요하다. "여러분이 원하는 상품을 파격적인 조건으로 구매할 수 있어요!"와 같은 간단명료한 소구가 효과적이다. 다음 공식과 카피 예시를 살펴보자.

공식	●●인 분께 + 상품명 + 매력적인 오퍼 + 베네핏

> 최근에 버터 값이 올라서 걱정인 프랑스 음식점 셰프 여러분께
> 다른 가게보다 30% 낮은 가격으로 신선하고 맛있는 버터를 제공.
> 요리의 맛은 그대로 유지하면서 비용은 절감할 수 있어요.

---

[1] ●●인 분께 (최근에 버터값이 올라서 걱정인 프랑스 음식점 셰프 여러분께)

[2] 상품명 (버터)

[3] 매력적인 오퍼 (다른 가게보다 30% 낮은 가격)

[4] 베네핏 (요리의 맛은 그대로 유지하면서 비용은 절감)

(※2~4는 순서를 바꿔도 무관하다.)

상품명은 상황에 따라 고유명사와 보통명사를 구분할 필요가 있다. 다음은 상품명이 고유명사(○○마스크)인 소구다.

'○○마스크'를 구하지 못해 어려움을 겪고 있는 분께
7월 15일 대량 입하 결정(인당 3장 구입 가능)
더운 날에 써도 갑갑하지 않아요.

B형 타깃
'검토 중인 고객'을 사로잡는 소구법

B형 타깃에 효과적인 소구법은 '압도적인 차이점'을 확실히 어필하는 것이다. "그래? 그렇다면 이걸로 해야지."와 같이 고객에게 확신을 줄 수 있는 소구가 필요하다. 다음 공식과 카피 예시를 살펴보자.

공식	●●인 분께 + 베네핏 + 압도적인 차이점 + 상품명

> 마가린에서 버터로 바꾸고 싶은데 염분이 신경 쓰이는 분께
> 이 버터는 염도를 50% 줄여 건강을 염려하는 분이 특히 선호합니다.
> 매일 아침 맛있는 토스트를 즐기세요.

---

[1] ●●인 분께 (마가린에서 버터로 바꾸고 싶은데 염분이 신경 쓰이는 분께)

[2] 베네핏 (매일 아침 맛있는 토스트를 먹을 수 있다)

[3] 압도적인 차이점 (염도를 50% 줄인 상품, 건강을 염려하는 분이 선호)

[4] 상품명 (버터)

(※2~4는 순서를 바꿔도 무관하다.)

만약 B형 타깃에게 매력적인 오퍼가 가능하다면 공식은 다음과 같다.

공식	●●인 분께 + 베네핏 + 압도적인 차이점 + 상품명 + 오퍼

> 마가린에서 버터로 바꾸고 싶은데 염분이 신경 쓰이는 분께
> 이 버터는 염도를 50% 줄여 건강을 염려하는 분이 특히 선호합니다.
> 매일 아침 맛있는 토스트를 즐기세요.
> 게다가 지금은 30% 할인 중.

---

[1] ●●인 분께 (마가린에서 버터로 바꾸고 싶은데 염분이 신경 쓰이는 분께)

[2] 베네핏 (매일 아침 맛있는 토스트를 먹을 수 있다)

[3] 압도적인 차이점 (염도를 50% 줄인 상품, 건강을 염려하는 분이 선호)

[4] 상품명 (버터)

[5] 오퍼 (30% 할인)

(※2~4는 순서를 바꿔도 무관하다.)

B형 타깃 역시 상품명은 상황에 따라 고유명사와 보통명사를 구분해 준다. 다음은 상품명을 고유명사(○○버터)로 설정한 소구다.

> 마가린에서 버터로 바꾸고 싶은데 염분이 신경 쓰이는 분께
> ○○버터는 염도를 50% 줄여 건강을 염려하는 분이 특히 선호합니다.
> 매일 아침 맛있는 토스트를 즐기세요.
> 게다가 지금은 30% 할인 중.

C형 타깃
'구매욕이 낮은 고객'을 사로잡는 소구법

C형 타깃에 효과적인 소구법은 상품 판매를 직접적으로 드러내지 않는 것이다.

C형 타깃이 목표라면 상품명을 노출하지 마세요.

왜냐하면 C형 타깃은 A형이나 B형과 달리 해당 상품과 그 가치를 전혀 모르기 때문이다. 상품명 노출 없이 '베네핏을 얻을 수 있는 최고의 해결책'을 제안하는 소구가 필요하다. 다음 공식과 카피 예시를 살펴보자.

공식	●●인 분께 + 베네핏 = 최고의 해결책

'맛있는 카레를 만들고 싶은 분께, 풍미를 높이는 비법으로 버터를 판매하는 경우' 다음 카피가 효과적이다.

> 더 맛있는 카레를 만들고 싶은 분께
> 한 조각만 넣어도 가족들이 "평소보다 훨씬 맛있어!"라며 놀라는
> 비법 레시피를 알려드립니다.

[1] ●●인 분께 (더 맛있는 카레를 만들고 싶은 분께)

[2] 베네핏 (한 조각만 넣어도 가족들이 "평소보다 훨씬 맛있어!"라며 놀라는 비법 레시피)

'카피라이팅을 모르는 사람에게 캐치 카피 강좌를 판매하는 경우' 쓸 수 있는 카피는 다음과 같다.

> 홈페이지의 고객 문의가 많아지길 바라는 분께
> 단 두세 문장으로 고객 문의를 두 배로 늘리는 방법을 알려드립니다.

[1] ●●인 분께 (홈페이지의 고객 문의가 많아지길 바라는 분께)

[2] 베네핏 (단 두세 문장으로 고객 문의를 두 배로 늘리는 방법)

'두반장을 인스턴트 라면용으로 판매하는 경우' 역시 같은 방식이다.

> 손쉽게 맛있는 요리를 만들고 싶은 분께
> 흔한 라면이 단 1초 만에 중화요리로 바뀌다니!

---

[1] ●●인 분께 (손쉽게 맛있는 요리를 만들고 싶은 분께)

[2] 베네핏 (흔한 라면이 단 1초 만에 중화요리로 바뀐다)

C형 타깃은 A형이나 B형 타깃에 비해 구매욕이 낮기 때문에 소구를 구상하기 어려운 편이다. 다음 장에서는 C형 타깃을 대상으로 한 효과적인 소구법에 관해 좀 더 구체적으로 알아보겠다. 다시 말해 판매가 어려운 상품을 돋보이게 만드는 소구법이다.

소구란? ....

- 타깃의 마음을 사로잡는 판매 제안

- 소구는 세일즈 아이디어 그 자체

- 소구는 카피에서 가장 중요한 요소

- 소구에 근거해 캐치 카피와 보디 카피를 구상한다.

- 소구가 제대로 되지 않으면 팔리지 않는 카피가 된다.

타깃 유형별 소구 ....

- A, B, C형 타깃은 각각 효과적인 소구법이 다르다.

- 각 타깃은 상품에 관한 지식이나 흥미, 관심, 욕구, 고민 등이 다르기 때문이다.

모든 상품에 존재하는 3가지 타깃 유형 ....

A형 타깃 상품을 구매하고 싶다! 정말 흥미가 많다.

B형 타깃 상품을 알고는 있지만 아직은 갖고 싶지 않다.

C형 타깃 베네핏에는 흥미가 있지만 상품을 알지 못한다.

A형 타깃에 효과적인 소구법

- '상품명'과 '매력적인 오퍼'를 확실히 알린다.
- '여러분이 원하는 상품을 파격적인 조건으로 구매 가능'과 같은 간단명료한 소구
- ●●인 분께 + 상품명 + 매력적인 오퍼 + 베네핏

B형 타깃에 효과적인 소구법

- '압도적인 차이점'을 확실히 어필한다.
- '그렇다면 이걸로 해야지'와 같이 고객에게 확신을 줄 수 있는 소구
- ●●인 분께 + 베네핏 + 압도적인 차이점 + 상품명
- ●●인 분께 + 베네핏 + 압도적인 차이점 + 상품명 + 오퍼

C형 타깃에 효과적인 소구법

- C형 타깃은 해당 상품이나 그 가치를 전혀 모른다.
- 상품명을 노출하지 않는다.
- '베네핏을 얻을 수 있는 최고의 해결책'을 제안하는 소구
- ●●인 분께 + 베네핏 = 최고의 해결책

제5장

팔기 어려운 상품을 파는
문장 만드는 법

C형 타깃을 사로잡는 소구법 ①
상품의 특징을 파악해서 팔리는 타깃 찾기

C형 타깃은 A형, B형 타깃에 비해 구매욕이 낮기 때문에 판매가 여의치 않다. 따라서 효과적인 소구를 구상하기도 쉽지 않다.

다만, C형 타깃은 고객 수가 많기 때문에 소구에 성공하면 매출을 크게 높일 수 있다. 즉 C형 타깃은 적중만 하면 소위 '대박 고객층'이 된다. 이 장에서는 C형 타깃을 사로잡는 소구법 두 가지를 알아보자.

C형 타깃을 사로잡는 첫 번째 소구법은 상품의 특징을 파악해서 팔리는 타깃을 찾아내는 방법이다. 다음 3단계를 거쳐 소구를 도출할 수 있다.

타깃을 찾아내서 판매하기

1단계 상품의 특징이나 메리트, 가치를 철저하게 분석

2단계 기존 타깃 이외에 상품의 특징이나 메리트에 '관심 있는 사람' 찾기

3단계 '관심 있는 사람'이 강하게 반응하는 베네핏 찾기

이해를 돕기 위해 한 가지 문제를 풀어보자.

답변하기 어려운 문제일지 모르겠다. 그러나 C형 타깃을 목표로 삼았다면 기본적으로 어려운 문제를 해결하겠다는 각오가 필요하다. 판매를 잘하려면 힘들어도 돌파구를 찾아야 한다. 먼저 1단계와 2단계에서 다음과 같은 결과를 얻었다고 하자.

타깃을 찾아내서 판매하기 1단계
'실컷 먹어도 칼로리가 낮은 식품'이라는 메리트

타깃을 찾아내서 판매하기 2단계
다이어트 중인 사람

이 결과를 달리 표현하면 아래와 같다.

[메리트] 이 어묵은 실컷 먹어도 칼로리가 낮다.
[관심 있는 사람] 다이어트 중인 사람

다이어트 중인 사람에게 어떤 베네핏을 줘야 한여름에 어묵을 먹게 만들 수 있을까? 여기서 등장하는 것이 '그렇다면? 질문법'이다. 이 어묵은 실컷 먹어도 칼로리가 낮다는 메리트(특징)에 '그렇다면? 질문법'을 적

용해 보면 다음과 같다.

이 어묵은 실컷 먹어도 칼로리가 낮다. (메리트 또는 특징)

   그렇다면? ↓

다이어트 중이지만 맛있는 음식을 참지 않아도 된다. (베네핏)

   그렇다면? ↓

배불리 먹어도 죄책감을 느낄 필요가 없다. (베네핏)

   그렇다면? ↓

도출한 베네핏을 정리하면 '맛있는 음식을 배불리 먹어도 죄책감에서 해방'으로 표현할 수 있다.

지금까지의 과정을 거쳐 다음과 같이 요소가 명백해졌다.

[메리트] 이 어묵은 실컷 먹어도 칼로리가 낮다.

[관심 있는 사람] 다이어트 중인 사람

[베네핏] 맛있는 음식을 배불리 먹어도 죄책감에서 해방

이 3가지 요소를 짧은 문장으로 만들면 소구가 완성된다. '누구에게 무엇을 말할 것인가?'라는 구조로 짧은 문장을 생각해 보자.

실컷 12개째...

한여름에 뜨거운 어묵을 팔겠다고 하면 주위에서 이상하게 볼지도 모른다. 하지만 이런 소구라면 가게 전단지나 메뉴판에 소개할 수 있지 않을까? 어떤가? 어묵을 사려고 모여든 사람들의 모습이 떠오르지 않는가?

타깃을 바꿔서 판매할 때 가장 중요한 점

이 소구법에서 가장 중요한 점은 '타깃 바꾸기'다. 수많은 C형 타깃 중에서도 구매욕이 더 강한 타깃층을 새롭게 찾아서 소구하는 방식이다. 세상에 나온 히트 상품 대부분은 이 소구법이 적용된 경우가 많다.

에어웨이브의 성공 사례

일본의 유명 매트리스 브랜드인 '에어웨이브'도 처음에는 잘 팔리지 않았다고 한다. 그런데 '일반 사용자에게 쾌적한 잠자리를 제공하는 침구'가 아니라 '운동선수의 컨디션 조절을 도와주는 침구'로 소구를 바꾼 뒤 급성장했다.

타깃층을 '우수한 품질의 침구를 원하는 사용자'에서 '컨디션이 중요한 운동선수나 트레이너'로 급선회했다. 기존 타깃에 얽매이지 않고 상품의 특징이나 메리트, 가치를 강하게 원하는 고객을 찾아 매력적인 베네핏을 어필한 것이다.

빛으로 깨우는 자명종 시계

'소리나 진동이 울리지 않는 자명종 시계'가 히트한 사례도 재미있다. 주위가 밝아지면 자연스럽게 잠에서 깨는 습성을 활용한 '빛으로 깨우는 자명종 시계'다.

처음에는 팔리지 않았지만, 아침에 깨기 위한 상품이 아니라 불면증 개선 상품으로 소구를 바꾸면서 불티나게 팔리기 시작했다. 빛으로 생체 시계를 안정시켜 수면 리듬을 회복해 '수면의 질을 개선하는 상품'으로 판매한 것이다.

타깃층을 '잠을 깨우는 시계를 원하는 사람'에서 '숙면을 원하는 사람'으로 변경했다. 이 또한 기존 타깃에 얽매이지 않고 상품의 특징이나 메리트, 가치를 강하게 원하는 고객을 찾아 매력적인 베네핏을 어필한 사례다.

집중력 향상 카드

필자 또한 이 방법으로 팔기 어려운 상품의 카피를 만들어 판매에 성공한 경험이 있다. 지금도 잊을 수 없는 상품인데 '60초만 보면 집중력이 향상되는 카드'다.

콘셉트가 지나치게 새로운 상품이라 많은 고민이 필요했지만, '시합 전 60초 만에 집중력을 높여 이기는 방법'이라는 소구를 생각해 내고 스포츠를 즐기는 많은 고객에게 반향을 일으켰다. 이외에도 다음과 같은 소구로 성공적인 판매를 거뒀다.

[상품 1] '단돈 10만 원인 속근육 단련 트레이닝 기구'

더 예뻐지고 싶은 여러분께

모델처럼 자세 미인이 되는 방법(어깨와 등 결림도 완치)

- -

[상품 2] 판매실적 0건인 팔리지 않는 공기순환 시스템

엄동설한이지만 난방비가 비싸서 고민인 여러분께

이것만 두면 발부터 따끈따끈해지는 '나만의 온실 공간'을 만들 수 있습니다.

(게다가 난방비 최대 30% 절감)

- -

[상품 3] 실적이 저조한 마케팅 컨설턴트

저렴한 고문료로 고민 중인 세무사 여러분께

'고문료 월 50만 원' 상담 코스를 만들어드립니다.

아무리 팔기 어려운 상품도 그 상품만의 특징이나 메리트, 가치를 강하게 바라는 사람이 존재하기 마련이다. 이런 고객을 찾아서 최고의 베네핏을 제안할 수 있다면 판매 실적은 크게 달라진다.

C형 타깃을 사로잡는 소구법 ②
타깃 변경 없이 팔리는 소구 만들기

앞서 첫 번째로 소개한 소구법이 타깃에 변화를 줘서 팔리는 소구를 만드는 방법이었다면, 두 번째로 소개할 소구법은 '타깃 변경 없이 팔리는 소구를 만드는 방법'이다.

상품에 따라서는 타깃을 바꿀 수 없는 경우도 있다. 다음은 필자가 실제로 겪은 사례다. 여러분이라면 어떤 소구를 생각하겠는가?

> ## 치아를 안전하게 다듬는 기본 기술을 배울 수 있는 DVD 강좌
> ### (치과 의원 판매용)

이 상품은 고객이 치과 의원의 원장으로 매우 제한적이다. 판매할 수 있는 타깃은 DVD 판매 회사가 보유하고 있는 치과 의원의 원장 리스트뿐이라는 말이다.

그렇다면 이 상품은 콘셉트 자체가 모순적이다. 치과 의원을 개업한 의사라면 기본적으로 치아를 안전하게 다듬을 수 있는 기술을 갖추고 있다. 이제 와서 더 배울 기술이 있을까?

그럼에도 불구하고 "이런 DVD를 제작했으니 팔고 싶다."라는 요청을 받았다. 믿기지 않겠지만 카피라이터를 하다 보면 이런 건 제법 많다.

어떻게 하면 좋을까? 이때는 다음 3단계로 소구를 도출해 낸다.

타깃 변경 없이 판매하기

1단계 상품에서 벗어나 타깃이 품고 있는 고민이나 욕구를 파악하기

2단계 고민이나 욕구를 해소할 수 있는 요소가 상품의 특징과 관련성이 있는지 검토하기

3단계 2단계에서 검토한 특징이나 메리트에서 베네핏 찾기

'치과 의원 판매용 DVD 강좌'의 사례를 이용해 더 자세히 알아보자.

타깃 변경 없이 판매하기 1단계

상품에서 벗어나 타깃이 품고 있는 고민이나 욕구를 파악한다. 예를 들면, 치과 의원 원장을 대상으로 리서치를 했는데 다음과 같은 고민과 욕구가 있다는 사실을 알게 되었다고 하자.

- 환자 감소, 과잉 경쟁 등으로 경영난에 시달리고 있다.
- 향후 비급여 진료나 예방 진료를 늘리고 싶다.
- 의사이자 경영인으로서 마케팅이나 매니지먼트도 배워야 한다.
- 환자의 웃는 얼굴을 보면 보람을 느낀다.
- 직원이 자주 바뀐다. 치과위생사 채용이 어렵다.
- 직원과의 인간관계에 애로사항이 있다.
- 많은 원장이 젊은 페이 닥터의 실력 부족 때문에 고민이다.
- 그 이유는 치과의사는 졸업 후 근무하면서 실질적인 기술을 익히기 때문이다.
- 하지만 지도 시간이 충분하지 않다.

실제로는 더 많은 고민과 욕구 항목이 있었지만 이 정도만 살펴봐도 본 상품이 해결할 수 있는 항목이 보인다. 구체적으로는 다음 3가지다.

---

1) 많은 원장이 젊은 페이 닥터의 실력 부족 때문에 고민이다.

2) 그 이유는 치과의사는 졸업 후 근무하면서 실질적인 기술을 익히기 때문이다.

3) 하지만 지도할 시간이 충분하지 않다.

타깃 변경 없이 판매하기 2단계

본 상품이 이 세 고민을 해결할 수 있는 특징을 갖추고 있는지 검토한다. 그 결과 다음과 같은 특징을 찾아냈다.

- 치아를 안전하게 다듬는 기본 기술을 배울 수 있는 DVD

- 고도의 기술이나 응용 기술이 아니다.

- 어디서든 실질적으로 사용되는 기본 기술을 배울 수 있다.

- 출연자는 젊은 의사를 육성하는 강사로도 활약 중이다.

- 실기 영상이 충분히 수록되어 있어 눈으로도 기술을 습득할 수 있다.

여기까지의 과정을 거쳐 목표 타깃의 고민과 욕구가 파악되었으며 해결책을 찾아냈다. 정리하면 다음과 같다.

주목해야 할 고민과 욕구

1) 많은 원장이 젊은 페이 닥터의 실력 부족 때문에 고민이다.

2) 그 이유는 치과의사는 졸업 후 근무하면서 실질적인 기술을 익히기 때문이다.

3) 하지만 지도 시간이 충분하지 않다.

고민과 욕구를 해결할 수 있는 요소

- 치아를 안전하게 다듬는 기본 기술을 배울 수 있는 DVD

- 고도의 기술이나 응용 기술이 아니다.

- 어디서든 실질적으로 사용되는 기본 기술을 배울 수 있다.

- 출연자는 젊은 의사를 육성하는 육성 강사로도 활약 중이다.

- 실기 영상이 충분히 수록되어 있어 눈으로도 기술을 습득할 수 있다.

아프시면 손 번쩍~.

타깃 변경 없이 판매하기 3단계

이제는 타깃이 반응을 보일 베네핏을 찾을 차례다. 2단계에서 검토한 특징(메리트)에서 '고객이 바라는 베네핏'을 도출할 수 있다. 당시 필자가 생각해낸 베네핏은 '젊은 의사를 교육할 시간을 절약할 수 있다!'였다.

여기까지 진행했다면, 다음은 '누구에게 무엇을 말할 것인가?'의 구조로 짧은 문장을 만들면 소구가 완성된다. 실제로도 이 소구를 바탕으로 작성한 아래 카피 덕분에 치과 의원 판매용 DVD 강좌는 불티나게 팔렸다.

> 신입 의사를 채용하는 치과 의원 원장님께
> 이 방법을 쓰면 신입을 가르치는 시간을 확 줄일 수 있습니다

타깃 변경 없이 판매할 때 가장 중요한 것

이 소구법의 핵심은 상품에서 벗어나 타깃의 심리를 넓고 깊게 이해하는 것이다. 타깃이 평소 어떤 고민을 하고 어떤 욕구를 갖고 있는지 철저하게 리서치를 하면 새로운 세일즈 포인트를 찾아낼 수 있다.

특히 이 방법은 전문성이 높은 상품을 판매할 때 주로 사용한다. 필자는 전문성이 높은 상품을 의뢰받은 경우가 많은데, 실제로 다음과 같은 소구로 판매에 성공을 거뒀다.

[상품 1] 개당 20만 원인 비메이커 트리트먼트제

   (미용실 판매용)

매출 감소가 걱정인 미용실 원장님께
1회 5만 원! 재구매율 높은
트리트먼트 시술 코스 만드는 법을 알려드립니다.

[상품 2] 1대 700만 원인 물리치료 기구

   (물리치료 클리닉 또는 체형교정센터 판매용)

판매 효과가 높은 시술 코스를 찾는 클리닉 원장님께
한 달에 150명 예약 쇄도! 인기 높은 체형교정 시술 코스를
설치 당일부터 판매할 수 있습니다.

[상품 3] 특수 청소 기술을 배울 수 있는 DVD강좌

   (청소 업체 판매용)

청소 업체 사장님께
무려 시급 49,000원 일거리를 수주할 수 있는 특수 청소 기술을 배워보시겠습니까?

금방 끝나니까 조금만 참아요~.

으윽….

C형 타깃에 효과적인 소구를 만드는 2가지 방법 ·····················

소구법 ① 상품의 특징을 파악해 '새로운 타깃' 찾기

소구법 ② 타깃의 고민이나 욕구를 파악해 '새로운 소구' 찾기

소구법 ① 상품의 특징을 파악해 '새로운 타깃' 찾기 ················

1단계 상품의 특징이나 메리트, 가치를 철저하게 분석

2단계 기존 타깃 이외에 상품의 특징이나 메리트에 '관심 있는 사람' 찾기

3단계 '관심 있는 사람'이 격하게 반응하는 베네핏 찾기

포인트 타깃 바꾸기

　　　　타깃 중에서도 구매욕이 더 강한 타깃을 새롭게 찾기

소구법 ② 타깃의 고민이나 욕구를 파악해 '새로운 소구' 찾기 ········

1단계 상품에서 벗어나 타깃이 품고 있는 고민이나 욕구를 파악

2단계 고민이나 욕구를 해소할 수 있는 요소가 상품의 특징과 관련성이 있는지
　　　　검토

3단계 2단계에서 검토된 특징이나 메리트에서 '베네핏' 찾기

포인트 상품에서 벗어나 타깃의 심리를 넓고 깊게 이해하기

　　　　전문성이 높은 상품을 판매할 때 사용하는 방법

소구법 = 누구에게 + 무엇을 말할 것인가? ·····························

소구법 ①과 ②로 찾은 아이디어를 이 공식에 대입해 짧은 문장으로 만든다.

제6장

매출이 2배로 뛰는
캐치 카피

캐치 카피의 본질을 이해하는 2가지 질문

지금까지 소구를 구상하는 방법에 관해 살펴봤다. 카피는 소구 만들기가 8할 이상이다. '누구에게 무엇을 말할 것인가?'를 깊이 생각하는 것이 가장 중요하다. 팔리는 소구가 없으면 팔리는 문장도 없다.

나머지 2할은 '표현'이다. 이 역시 간과해서는 안 된다. 소구를 매력적으로 표현해야 카피가 제 효과를 발휘할 수 있다. 여기서부터는 '표현'에 관해 이야기해 보자.

'무엇을 어떻게 쓸 것인가?'가 곧 카피 표현법입니다.

먼저 알아볼 카피 표현은 '캐치 카피'다. 아래 질문에 30초 이내로 답변을 생각해 보자.

질문 1 캐치 카피란 무엇인가?
질문 2 왜 캐치 카피가 중요한가?

답변하지 못해도 괜찮다. 경험자조차도 쉽게 답할 수 있는 사람이 많지 않다. 이것이 바로 팔리는 캐치 카피를 쓰지 못하는 이유다. 목적이 불

분명한 상태에서 캐치 카피를 쓰려고 하기 때문이다.

　세상에는 이미 수많은 캐치 카피 표현 기술이 소개되어 있다. 이들 기술을 완벽하게 활용하기 위해서라도 기본적인 지식을 올바르게 습득할 필요가 있다.

캐치 카피의 기초

캐치 카피는 보통 광고에서 가장 먼저 눈에 띄는 곳에 크게 표기되어 있다.

어떤 매체든 캐치 카피가 존재한다

온라인 쇼핑몰의 상품 상세페이지나 전단지는 물론 어떤 매체를 봐도 캐치 카피가 있다. 고객의 눈에 가장 먼저 노출되는 카피가 캐치 카피라고 생각하면 된다.

이메일 광고나 블로그라면 제목이고, 유튜브라면 썸네일이나 제목이 캐치 카피에 해당한다. 광고를 만들 때 각 매체의 어떤 부분이 캐치 카피에 해당하는지 알아두자. 왜냐하면 캐치 카피의 수준에 따라 광고를 대하는 고객의 반응이 크게 좌우되기 때문이다.

캐치 카피로 광고 반응이
크게 바뀐 사례

광고 문장만 생각하면 캐치 카피의 중요성은 9할을 넘는다. 캐치 카피는 광고 문장에서 가장 중요한 요소다. 몇 줄밖에 안 되는 캐치 카피로 매출이 크게 바뀌기 때문이다. 매출이 두 배 이상 높아진 경우도 있다. 이해를 돕는 몇 가지 사례를 소개한다.

역주행으로 100만 부를 돌파한 베스트셀러 책

《사고의 정리학》이라는 스테디셀러 책에 대한 이야기다.(한국에서는 《생각의 틀을 바꿔라》라는 제목으로 2015년에 번역 출간되었다.) 원래 이 책은 출판된 후 20년간 17만 부가 팔렸는데, 어떤 시기를 기점으로 다시 히트했다.

2007년에 책의 띠지를 변경하면서 '한 살이라도 어릴 때 읽었다면 이렇게 되지 않았을 겁니다'라는 캐치 카피를 넣었는데 1년 반 만에 51만 부를 돌파했다. 2009년에는 띠지의 캐치 카피를 '도쿄와 교토에서 가장 많이 읽히는 책'으로 바꾸면서 다시 인기를 끌었고 100만 부를 돌파했다.

출판 20년 동안 17만 부 팔린 책이 뒤늦게 100만 부를 돌파하는 사례는 흔치 않다. 물론 역주행을 할 수 있었던 배경에는 서점이나 출판사의 영업력을 간과할 수 없을 것이다. 책 내용도 좋았기 때문에 많이 팔렸겠지만, 띠지 카피가 바뀐 시점부터 판매 부수가 급격히 상승했다는 사실은 무시할 수 없다.

매출이 2배 뛴 유소년 야구 레슨 DVD

다음은 필자의 사례로 10년 전 이야기다. 유소년 야구 DVD 강좌에 사용할 카피를 의뢰받았다. 출연하는 강사는 한신 타이거즈 출신 프로야구 선수였고, 필자는 캐치 카피만 다르게 쓴 두 가지 광고를 준비해서 테스트를 해봤다.

캐치 카피 1

여름 고교야구에서 '타율 .688, 3홈런' 경이적인 기록을 남기며
전국 우승을 달성한 한신 타이거즈 드래프트 1위 선수가…
드디어 그만의 스윙 이론을 대공개!

캐치 카피 2

한신 타이거즈 드래프트 1위인 프로야구 선수가 알려주는 궁극의 타격법!
여러분의 아이도 배우면 강렬한 타격이 가능!

캐치 카피 이외에 다른 조건은 모두 똑같았다. 사용한 광고 매체, 광고 횟수, 시기도 동일했다. 결과는 놀라웠다.

광고 진행 후 한 달 동안 캐치 카피 1은 162세트가 팔렸고 캐치 카피 2는 295세트가 팔렸다. 캐치 카피의 차이가 곧 매출 2배 차이로 나타난 셈이다.

고객 모집 효과가 2배 뛴 경영 세미나

또 다른 사례를 살펴보자. 경영 컨설턴트 업체의 요청으로 병원을 대상으로 하는 세미나 참가자 확보용 안내문 작성을 의뢰받은 적이 있다.

> **캐치 카피 1**
>
> 의사가 직접 경영에 참여할 수 있는 '돈 이야기'
> 매출은 직원의 동기부여가 된다
> 비전을 제시하는 '캐시플로 경영'이란?

이 캐치 카피로 매회 20명 정도 고객을 확보할 수 있었다. 하지만 다음 캐치 카피로 바꾸면서 마감 인원 50명을 채웠다.

> **캐치 카피 2**
>
> 적자로 시달리는 중소 병원이
> 연간 20억 원 이상의 매출을 올리는 방법

결과적으로 2배 이상 효과를 봤다. 참가비가 30만 원이나 하는 세미나였는데, 몇 줄 안 되는 캐치 카피를 바꿔 2회 연속 마감 인원 50명을 채우는 데 성공했다.

캐치 카피로 반응이
크게 달라지는 이유

첫 번째 이유는 고객이 캐치 카피를 보고 광고를 읽을지 말지를 판단하기 때문이다. 캐치 카피로 주의를 끌지 못하면 추가적인 광고 내용은 소용없다는 의미다.

고객이 읽지 않으면 상품의 가치를 전달할 수 없다. 한마디로 '팔리지 않는다.' 캐치 카피가 눈에 띄지 않으면 아무리 다른 카피가 훌륭하고 돈을 많이 들인 멋진 디자인이라고 해도 효과를 보지 못한다. 여기서 처음 질문의 답변을 떠올려 보자.

82쪽 질문에 대한 답변

질문 1 캐치 카피란 무엇인가?

→ 읽는 이의 주의를 단번에 끌어 계속 읽게 만드는 말

질문 2 왜 캐치 카피가 중요한가?

→ 캐치 카피가 나쁘면 광고를 보지 않는다. 즉 팔리지 않는다.

위의 답변은 가장 기본적이면서 중요한 내용이므로 꼭 숙지하자. 나아가 팔리는 캐치 카피를 만들려면 반드시 뛰어난 소구가 필요하다. 뛰어난 소구를 매력적으로 표현한 짧은 문장이 바로 '팔리는 캐치 카피'이기

때문이다. 이와 같은 본질을 간과하면 표현법에만 집중한 나머지 팔리지 않는 캐치 카피를 쓰기 십상이다.

표현은 나중에, 일단 소구에 집중하세요.

한 번에 통과하지
않아도 된다

캐치 카피를 쓸 때 주의할 점은 한 번에 통과하겠다는 마음가짐이다. 처음부터 완벽한 캐치 카피를 쓰려고 하기보다는 가능한 한 다양한 캐치 카피를 써보는 것이 좋다.

30개 쓰고 며칠 후 고치기

캐치 카피는 많이 쓰면 쓸수록 새로운 표현 아이디어가 떠오르고 퀄리티가 좋아진다. 초보자라면 적어도 30개는 써보자.

캐치 카피를 여러 개 써두고 며칠 방치한 뒤 다시 읽고 고쳐보는 방법도 추천한다. 이렇게 하면 보다 냉정한 눈으로 개선점을 분석할 수 있기 때문에 좋은 캐치 카피를 쓸 수 있다.

두 개를 골라 테스트하기

아무리 경력이 많아도 단번에 좋은 캐치 카피를 쓰기는 쉽지 않다. 여러 캐치 카피를 생각한 뒤 가장 좋다고 생각하는 두 개를 골라 광고 테스트를 하는 것이 일반적이다. 광고 테스트에 관해서는 제17장에서 상세히 다루겠다.

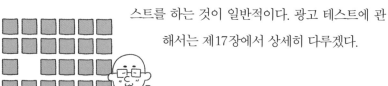

읽는 이의 눈에 가장 먼저 띄는 말이 캐치 카피 ·······················

- 겨우 몇 줄밖에 안 되는 캐치 카피로 고객의 반응이 크게 달라진다.

- 어떤 매체든 캐치 카피가 존재한다.

캐치 카피의 2가지 특징 ··

① 캐치 카피의 목적은 읽는 이의 주의를 단번에 끌어 계속 읽게 만드는 것이다.

② 캐치 카피가 나쁘면 광고를 보지 않는다. (즉 팔리지 않는다.)

한 번에 통과하지 않아도 된다 ···································

캐치 카피는 적어도 30개는 써보고 며칠 후 수정한다.

성공적인 리서치를 위한 3가지 포인트

소구를 구상하기 전 단계인 리서치는 매우 중요하다. 정보가 부족하면 좋은 아이디어를 도출해 낼 수 없다. 그럼 리서치는 어떤 식으로 진행하는 것이 좋을까?

필자는 리서치에 절대적인 방법론이 존재하지 않는다고 생각한다. 틀에 박힌 표현법으로 리서치를 진행하면 항상 비슷한 정보만 모이고 정말로 필요한 정보를 놓칠 수 있다. 리서치 내용은 안건마다 유연하게 대응해야 한다. 다음 세 가지 포인트에 유념하자.

① 확증 편향에 주의

확증 편향이란 현재 주장을 뒷받침하기 위해 한쪽으로 치우친 정보만 수집하는 경향을 말한다. 예를 들어 인터넷에는 수많은 정보가 있는 반면 확증 편향에 빠지기도 쉽기 때문에 주의해야 한다. 반드시 반대 의견, 다른 의견도 찾아보자.

② 타사보다 부족한 점 수용하기

상품에 자신감을 갖는 것은 바람직한 마음가짐이다. 다만 그만큼 좋은 상품은 얼마든지 있다는 사실도 알아야 한다. 타사보다 부족한 점을 솔직히 받아들이지 못하면 제 입맛에 맞는 정보만 리서치하게 되므로 좋은 소구를 도출할 수 없다.

③ 세 가지 질문

어느 정도 리서치가 끝났다면 다음 세 가지 질문에 답해보자.
- 왜 그 상품이 필요한가?
- 왜 그 상품이 아니면 안 되는가?
- 왜 지금 당장 사야 하는가?

1분 이내로 술술 답변할 수 없다면 리서치가 부족하다는 증거다. 답변하지 못하는 이유를 생각해 보자. 실제로 유의미한 정보를 찾을 수 있을 것이다.

제7장

초보자도 쓸 수 있는
캐치 카피 4단계

필요 없는 말을 찾아 지워라

이제 캐치 카피 쓰는 법을 알아보자. 가장 손쉬운 방법부터 살펴보겠다. 이 장에서 언급하는 방법을 활용하면 초보자도 웬만큼 캐치 카피다운 문장을 쓸 수 있다.

> 캐치 카피란 소구를 매력적으로 표현한
> 짧은 문장을 말합니다.

복잡한 표현보다는, 소구가 잘 읽히고 알기 쉬워야 훌륭한 캐치 카피다. 따라서 필요 없는 말을 지우는 것이 중요하다. 다음에 설명할 4단계를 참고해 소구에 불필요한 말을 삭제해 나가면 누구나 쉽게 매력적인 캐치 카피를 쓸 수 있다.

1단계
타기팅 카피 지우기

앞서 소구를 만들 때 '누구에게'와 같이 대상을 지목한다고 설명했다. 즉 '○○(분)께'처럼 읽는 이를 한정하는 것이다. 이를 타기팅 카피라고 한다.

칵테일 파티 효과

타기팅 카피는 '칵테일 파티 효과'를 불러일으킨다. 칵테일 파티 효과란, 자신과 관련되거나 흥미를 느끼는 정보에 의식이 쏠리는 현상을 말한다. 예를 들어 시끄러운 만원 지하철에서 "이봐 안경!"이라고 외치면 어떻게 될까? 안경을 쓴 사람들이 일제히 쳐다볼 것이다. 이처럼 '○○(분)께'와 같은 표현은 타깃에게 '나 말인가?'라는 반응을 이끌고 싶을 때 사용하면 효과를 볼 수 있는 표현법이다. 단, 베네핏 부분에 읽는 이를 한정하는 표현이 있다면 삭제해도 된다. 다음과 같은 소구를 예로 들 수 있다.

> **예) 카피라이팅 강좌**
> 전단지 효과에 고민인 분께
> 단 두세 줄로
> 문의가 2배로 뛰는 비법을 알려드립니다

'전단지 효과에 고민인 분께'가 타기팅 카피 부분이고 베네핏을 표현한 카피는 '단 두세 줄로 문의가 2배 뛰는 비법'이다. 이 베네핏 부분에 '전단지'라는 말을 넣어보자.

> 전단지 효과에 고민인 분께
> 단 두세 줄로
> 전단지 문의가 2배로 뛰는 비법을 알려드립니다

이제는 어떤가? 첫 번째 줄의 타기팅 카피는 과연 필요한 말일까? 베네핏 부분에 '전단지'가 들어가 있으므로 '전단지 효과에 고민인 분께'는 필요 없는 문장이다. 아래 카피면 타깃의 주의를 끌기 충분하다.

> 단 두세 줄로
> 전단지 문의가 2배로 뛰는 비법을 알려드립니다

베네핏 부분에 타깃을 특정하는 말을 넣으면 타기팅 카피가 필요 없어지므로 읽기 편하고 알기 쉬운 캐치 카피가 된다.

2단계
장문을 나눠 리듬감 살리기

장문의 캐치 카피가 꼭 나쁘기만 한 것은 아니다. 길어도 반응이 좋은 경우가 있다. 문제는 문장이 길면 리듬감이 나빠져 잘 읽히지 않는 문장이 되기 쉽다는 점이다.

고객은 애초에 광고에 관심이 없다. 그래서 가장 먼저 눈에 띄는 캐치 카피가 리듬감 좋게 술술 읽히는 것이 중요하다. 장문의 캐치 카피를 리듬감 좋게 읽히도록 수정하는 방법은 무엇일까? 다음 캐치 카피를 예로 들어 알아보자.

> '구매 버튼 클릭을 유도하는 문장술 배우기 연구소'에서는
> 한 달에 단 8,800원으로 전문 작가의 서포트를 받으며
> 단 두세 줄로 매출을 늘리는
> 캐치 카피 제작법을 배울 수 있습니다

장문의 캐치 카피지만 단문으로 나누면 보다 리듬감을 살릴 수 있다. 비법은 긴 문장에 '마침표'를 넣어서 여러 개의 단문으로 나누는 것이다.

> '구매 버튼 클릭을 유도하는 문장술 배우기 연구소' 월 요금 8,800원.
> 단 두세 줄로 매출을 늘리는
> 캐치 카피 제작법을 배울 수 있습니다.
> 전문 작가가 직접 서포트.

캐치 카피에 마침표는 필요 없으므로 최종적으로는 다음과 같다.

> '구매 버튼 클릭을 유도하는 문장술 배우기 연구소' 월 요금 8,800원
> 단 두세 줄로 매출을 늘리는
> 캐치 카피 제작법을 배울 수 있습니다
> 전문 작가가 직접 서포트

'구매 버튼 클릭을 유도하는 문장술 배우기 연구소' 월 요금 88,000원.…

뭐야? 은근슬쩍 가격을?

3단계
불필요한 말 지우기

캐치 카피에서 필요 없는 말은 철저히 찾아서 삭제하는 것이 좋다. 의미가 전달된다면 극단적인 수준까지 지우자. 앞서 장문을 단문으로 나눠 리듬감을 살린 카피에도 군더더기가 없는지 살펴보자.

'구매 버튼 클릭을 유도하는 문장술 배우기 연구소' 월 요금 8,800원
단 두세 줄로 매출을 늘리는
캐치 카피 제작법을 배울 수 있습니다
전문 작가가 직접 서포트

밑줄 그은 부분은 불필요한 말이므로 삭제
↓

'구매 버튼 클릭을 유도하는 문장술 배우기 연구소' 월 8,800원
단 세 줄로 매출을 늘리는 캐치 카피 배우기
전문 작가가 직접 서포트

'월 요금 8,800원'은 '월 8,800원'으로 바꿀 수 있다. '두세 줄'은 '세 줄'이라고 해도 의미가 전달된다. '캐치 카피 제작법을 배울 수 있습니다'는 '캐치 카피 배우기'로 줄여도 문제없다. 읽는 스트레스를 줄이려면 의미가 전달되는 마지막 수준까지 잘라낼 수 있어야 한다.

4단계
질문하기

'정말 멋져!'라는 말보다 '왜 멋진지 알아?'라고 묻는 편이 흥미를 더 유발한다. 따라서 고객에게 질문하는 카피 역시 매우 효과적이다.

> 베네핏 부분은 가능한 한 '물음표'가
> 어울리는 표현으로 바꿔봐요.

앞서 의미가 전달되는 마지막 수준까지 걸러낸 카피를 다시 살펴보자. 베네핏 부분을 질문 형식으로 표현하면 더욱 흥미를 유발하는 캐치 카피가 된다.

대표적인 질문 표현 3가지는 '왜' '어째서' '이유'이다.

'구매 버튼 클릭을 유도하는 문장술 배우기 연구소' 월 8,800원
왜 단 세 줄의 캐치 카피만으로 매출이 늘까?
전문 작가가 직접 서포트

> '구매 버튼 클릭을 유도하는 문장술 배우기 연구소' 월 8,800원
>
> 어째서 단 세 줄의 캐치 카피만으로 매출이 늘까?
>
> 전문 작가가 직접 서포트

> '구매 버튼 클릭을 유도하는 문장술 배우기 연구소' 월 8,800원
>
> 단 세 줄의 캐치 카피로 매출이 느는 이유?
>
> 전문 작가가 직접 서포트

 단, 표현이 이상해진다면 무리해서 질문을 만들 필요는 없다. 표현법을 의식하느라 소구에 문제가 생겨서는 안 된다.

간결한 캐치 카피 쓰는 법 ···

- 캐치 카피는 소구를 매력적으로 표현한 말이다.

- 소구가 잘 읽히고 알기 쉽게만 써도 캐치 카피가 된다.

- 따라서 소구에 불필요한 말은 삭제한다

불필요한 말을 지우는 4단계 ···

1단계 타기팅 카피 지우기

2단계 장문을 나눠 리듬감 살리기

3단계 불필요한 말 지우기

4단계 질문하기

제8장

팔리는 캐치 카피의
13가지 표현법

표현법 ①
베네핏 담기

여기서는 캐치 카피를 보다 매력적으로 만들어주는 13가지 표현법에 관해 설명한다. 앞서 살펴본 A형, B형, C형 타깃 모두에 유효한 표현법이므로 잘 숙지하자.

다시 한번 짚고 넘어가자면, 베네핏은 상품이나 서비스로 얻을 수 있는 즐거운 미래를 말한다. 고객은 상품이 아니라 베네핏 때문에 돈을 지불한다. 즉 베네핏에 대한 내용이 없는 카피는 상품을 팔 생각이 없는 카피와 다름없다. 다음 캐치 카피 중 어느 쪽이 더 매력적인가?

(1)
캐치 카피 배우기

(2)
팔리는 캐치 카피 배우기

(2)가 더 매력적으로 느껴지지 않는가? (2)에는 '팔린다'라는 베네핏이 있다. 캐치 카피에는 반드시 베네핏을 담아야 한다. 고객 입장에서 베네핏이 없는 케치 카피는 읽을 가치가 없는 정보에 지나지 않는다.

표현법 ②
베네핏 구체화

다음 캐치 카피 중 어느 쪽이 더 매력적인가?

(1)
캐치 카피 배우기

(2)
단 세 줄로 매출이 2배 뛰는
캐치 카피 배우기

(2)가 더 매력적이다. 그 이유는 베네핏이 구체적으로 드러나 있기 때문이다. 구체적인 베네핏은 정보로서의 가치가 높다. 더불어 구체성은 신뢰성을 높여 고객의 경계심을 푸는 데 도움을 준다.

다만 바로 앞 장에서 설명한 '최대한 필요 없는 말 지우기'를 적용할 때 베네핏을 구체적으로 표현한 말까지 지우지 않도록 주의해야 한다.

표현법 ③
현실적인 베네핏 제시

다음 캐치 카피 중 어느 쪽이 더 믿음이 가는가?

(1)	**(2)**
단 세 줄로 매출이 2배 뛰는 캐치 카피 배우기	단 한 줄로 매출이 100배 뛰는 캐치 카피 배우기

아무리 생각해도 (2)는 수상하다. 겨우 한 줄로 매출을 100배 올린다는 것은 쉽게 믿을 수 있는 말이 아니다. 이에 비해 (1)은 신용할 수 있다.

이처럼 과도한 베네핏 표현은 역효과를 준다. 고객은 '수상함'을 느끼면 곧바로 관심을 끊는다. 베네핏은 매력적이면서도 현실적인 표현이어야 한다.

표현법 ④
고객 범위 좁히기

앞 장에서 타기팅 카피라고 설명한 '○○인 분께'라는 표현이 특히 효과를 발휘하는 상황이 있다. 바로 타깃을 좁힐 수 없는 매체에서 광고할 때다.

'○○인 분께'라는 표현은 신문 삽지 광고나 벽보, 간판, 세그먼트 기능이 낮은 배너 광고 등 불특정 다수에게 노출되는 매체에서 특정 타깃의 주목을 끌어야 할 때 효과적이다.

타기팅 카피 요령

고객을 구체적으로 한정하는 표현이 중요하다. 다음 학원 전단지 카피를 살펴보자.

---

(1)
'자녀 성적이 고민인 어머님께'
다음 기말고사에서
100점 올리기 보장

(2)
'○○중학교 학부모님께'
다음 기말고사에서
100점 올리기 보장

학원 전단지를 보면 보통 (1)과 같은 카피를 담는 경우가 많은데, 이

는 불완전한 카피다. (2)와 같이 철저하게 대상을 좁혀서 표현해야 강한 칵테일 파티 효과를 볼 수 있다. 실제로 필자는 (2)와 같은 방식으로 100곳 이상의 학원에서 성과를 올렸다.

대상을 좁히는 것을 두려워하지 마세요.

표현법 ⑤
'마음의 소리'로 바꾸기

방금 설명한 '○○인 분께'와 같은 타기팅 카피를 더욱 매력적으로 표현하는 방법이 있다. 바로 타깃의 '마음의 소리'로 바꾸는 표현법이다. 예를 들어 노화 방지 상품을 홍보하는 타기팅 카피를 살펴보자.

> 노화 방지에 관심 있는 분께

나쁘지는 않지만 타깃의 관심을 단번에 끌기에는 너무 평범하다. 실제로 이런 카피를 자주 볼 수 있는데, 이 정도 수준이면 경쟁사 광고에 묻히기 십상이다.

이럴 때는 '○○인'을 타깃의 '마음의 소리'로 바꾸면 훨씬 더 예리한 타기팅 카피가 된다. 예를 들면 다음과 같다.

> 젊은 시절로 돌아가고 싶은 분께

왜 '마음의 소리'로 바꾸면 반응이 좋아질까? 그 이유는 공감을 불러일으키기 때문이다. 한번이라도 마음속으로 생각해 본 말은 익숙함을 느끼기 때문에 더 강렬한 칵테일 파티 효과를 기대할 수 있다.

표현법 ⑥
숫자 활용하기

'숫자 표현'은 캐치 카피의 효과를 높이는 데 매우 중요하다. 다음의 카피를 각각 비교해 보자.

아주 큰 나라 ↔ 우리나라보다 10배 큰 나라

예약 대기 ↔ 3개월간 예약 대기

재구매 속출 ↔ 10명 중 9명이 재구매

참가자 전원 만족 ↔ 참가자 100명 전원 만족

다음날 도착 ↔ 24시간 이내 도착

더 이목을 끄는 카피는 어느 쪽인가? 또는 순간적으로 의미나 가치가 전달되는 카피는 어느 쪽인가?

오른쪽 카피는 숫자를 사용한 정보 전달이다. 숫자는 시각적으로 부각되는 효과(시인성)가 높고, 전달하고 싶은 내용을 순간적으로 이미지화할 수 있다. 필자는 지금까지 수많은 카피를 써왔는데 대부분의 캐치 카피에 숫자 표현을 넣었다.

숫자를 쓰면 반응도가 올라가요!

단, 언제 어디서든 숫자를 쓰면 무조건 좋다는 말은 아니다. '숫자 표현'을 효과적으로 사용하려면 다음 3가지 사항에 주의해야 한다.

- 구체적인 숫자
- 가치를 바로 알 수 있는 표현
- 단위를 매력적으로 조정하기

구체적인 숫자

딱 떨어지는 숫자가 보기에는 좋지만, 캐치 카피는 구체적인 숫자를 노출하는 편이 더 많은 반응을 얻을 수 있다.

(1)	(2)
1,000명 전원 만족	1,000명 중 982명 만족

6조 2,543억 4,029만 원을 벌 수 있는 캐치 카피 배우기….

그 말이 아니잖아….

만약 (1)이 사실이라면 굉장한 일일 것이다. 하지만 고객 100%가 만족하는 상품은 세상에 존재하지 않는다. 있다고 해도 쉽게 그 말을 믿을수 없다. 따라서 (2)와 같이 구체적인 숫자로 표현한 카피를 봤을 때 더믿을 수 있고 가치 있는 정보라고 판단한다.

가치를 바로 알 수 있는 표현

고객 대다수가 재구매할 정도로 인기 좋은 식빵을 예로 들어보자. 재구매율은 90%에 달한다. 이런 사실을 전달하고자 할 때 다음 중 어느 쪽카피를 선택하겠는가?

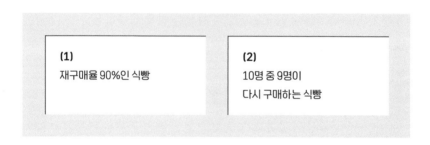

(1)
재구매율 90%인 식빵

(2)
10명 중 9명이
다시 구매하는 식빵

둘 다 나쁘지 않은 카피지만 (1)의 '재구매율'은 판매자 관점에서 쓰는 말이다. 소비자 입장에서는 재구매율 90%보다 '10명 중 9명이 다시구매하는'이라는 말이 더 '인기 좋다'라는 뜻으로 인식된다. 숫자 표현은타깃이 그 가치를 바로 이해할 수 있는 표현이어야 효과를 볼 수 있다.

단위를 매력적으로 조정하기

명, 개, 일, 분, 초, kg, g, mg, % 등 숫자에는 기본적으로 단위가 붙는다. 이 단위를 조정하면 더 매력적인 숫자 표현이 가능하다.

다음 두 카피를 비교해 보자.

(1)	(2)
하루에 6,000개 팔림	15초에 1개 팔림

(2)는 한때 홈쇼핑 광고에서 자주 볼 수 있는 형태였다. 순간적으로
빠른 속도로 팔린다는 이미지를 준다. 사실 (1)과 (2)는 똑같은 의미다.
(2)는 1일 6,000개 실적을 초 단위로 환산한 것에 지나지 않는다. 상황에
따라 단위를 매력적으로 조정하면 숫자 표현의 효과가 더 좋아진다.

숫자를 캐치 카피에 사용할 때 주의점

한 가지 주의점을 살펴보자. 숫자 표현은 캐치 카피의 반응성을 높이
는 효과를 주는 반면, 숫자가 너무 많으면 읽기 힘들어진다는 단점이 있
다. 전체 문장에서 차지하는 비중이 20%가 넘지 않도록 사용하는 것을
추천한다.

표현법 ⑦
결과 및 실적 보여주기

만약 실적이 좋다면 캐치 카피에 노출하자. '고객은 광고를 믿지 않는다'라는 전통적인 장벽을 뛰어넘을 수 있는 매우 효과적인 소재다.

다음은 카피라이팅 강좌를 안내하는 내용이다. 단 한 줄의 실적만으로도 정보로서의 가치가 매우 높아진다는 것을 알 수 있다.

(1) 팔리는 캐치 카피 강좌	(2) 팔리는 캐치 카피 강좌 (수강생 95%가 성공)

단, 캐치 카피를 작성할 때 실적이 허전하다고 해서 거짓말로 꾸며내지는 말자. 이 표현법뿐 아니라 카피라이팅에서 거짓말이란 절대 있어서는 안 될 요소다.

표현법 ⑧
비포&애프터

'비포&애프터'란 과거와 현재의 극적 변화를 뜻하는 표현이다. 만약 비포&애프터 실적이 있다면 캐치 카피에 담자. 오래된 방법이라고 생각할 수도 있지만 여전히 효과적인 표현법이다. 일본 피트니스 회사인 '라이잡'의 텔레비전 광고는 지금도 많은 사람이 기억하고 있는 비포&애프터의 훌륭한 예시다.

비포&애프터 효과적으로 표현하기

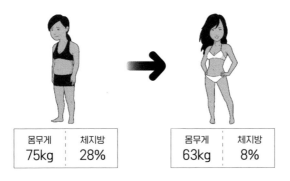

뭐라고? 운동도 식단 조절도 없이
단 3개월 만에 12kg 감량!

몸무게	체지방
75kg	28%

몸무게	체지방
63kg	8%

한 가지 주의할 점은, 특별하지 않은 비포&애프터라면 언급하지 않는 것이 낫다. 비포&애프터는 '정말 대단하구나!' 하고 감동을 줄 정도여야 한다.

표현 방식은, 비포&애프터 관련 이미지가 있다면 캐치 카피 바로 아래에 두는 게 효과적이다. 이미지로 표현되지 않는 비포&애프터라면 문장만으로도 표현할 수 있다.

기본적으로 숫자가 들어간 표현이 좋다. 원래 어떤 상태였는데 이제는 어떻게 바뀌었는지를 '고객의 목소리'로 전달하면 효과적이다.

다음은 '물리치료사 전용 SNS 홍보 강좌' 판매 카피에 적용된 비포&애프터의 예시다.

> 이런 적은 처음이야
> 지난달 Facebook으로만
> 30명이나 예약이 들어왔어요
> (물리치료사 ○○○)

표현법 ⑨
편승 효과 살리기

사람은 다수가 선택한 것을 따라 고르는 경향이 있다. 이를 밴드왜건 효과(Bandwagon effect, 편승 효과)라고 한다.

이 심리 효과는 많은 실험으로 증명되었고, 필자 또한 지금까지 광고 계에 종사하면서 절실히 느낀 사실이다. 쉽게 설명하면 다음과 같은 카피 는 시대를 불문하고 효과적이다.

> 'ㅇㅇ랭킹 1위'
> '단 3일만에 10,000명 쇄도!'
> 'ㅇㅇ업계 넘버원 점유율'

카피를 읽는 대다수는 '정말?'이라며 의심하기 십상이다. 따라서 상 품의 인기를 증명할 수 있는 증거가 있다면 캐치 카피로 활용하자. 설득 에는 근거가 필요하다.

만약 고객의 얼굴 사진과 같이 눈길을 사로잡을 수 있는 이미지가 있 다면 캐치 카피 가까운 곳에 다량으로 노출하는 방법도 추천한다.

캐치 카피 가까운 곳에 얼굴 사진을 많이 게재할수록 효과적이다

왜 ○○학원은 대입 합격률이 ○○%나 되는가?

○○○ (○○고등학교)	○○○ (○○고등학교)	○○○ (○○고등학교)	○○○ (○○고등학교)	○○○ (○○고등학교)
○○○ (○○고등학교)	○○○ (○○고등학교)	○○○ (○○고등학교)	○○○ (○○고등학교)	○○○ (○○고등학교)

표현법 ⑩
권위 보여주기

다음과 같은 카피를 본 적이 있을 것이다.

> 이비인후과 의사도 인정한 알레르기 대책

이 카피는 권위를 활용한 사례다. 여기서 권위란 의사, 변호사, 교수, 전문가, 저자, 운동선수, 방송인, 기타 유명인 등 사회적 신용도가 높은 사람이 인정하고 있다는 사실을 의미한다. 따라서 권위를 활용하면 설득력이 향상된다. 최근에는 SNS의 인플루언서도 권위의 상징으로 각광을 받는다. 그들이 좋다고 하는 상품은 날개 돋친 듯 팔리기 때문이다.

사람뿐만 아니라 조직에도 주목

사람뿐만 아니라 신용도 높은 조직도 권위를 대변할 수 있다. 예를 들어 '왕실 진상품'이라고 하면 어떤 상품인지 단번에 알 수 있다.

이외에 '미국 경찰 납품' '치과의사회 인증' 'NASA가 개발' '구글도 채용한' 등 다양한 권위가 존재한다. 권위를 보여주는 것만으로 정보의 가치가 크게 상승하기 때문에 활용할 수 있다면 마다할 이유가 없다.

표현법 ⑪
'쉽게' '바로' '누구나'

'○○만 하면' '단 ○○만으로' '게으른 나도' 등과 같이 "진짜?"라는 말이 자연스럽게 나오는 카피를 본 적이 있을 것이다. 비즈니스 관련 책 등에서 자주 볼 수 있는데, '쉽게' '바로' '누구나' 세 가지를 어필하는 카피는 불편함이나 고민을 해결해주는 상품류에 자주 쓰인다. 이외에도 다이어트, 공부, 돈 벌기, 연애 관련 상품 등에 적극적으로 사용된다.

신빙성을 높이는 3가지 포인트

'쉽게' '바로' '누구나' 가능하다는 식의 표현은 매우 효과적이다. 하지만 과장 광고라는 인상이 강하기 때문에 거부감을 줄 우려도 있다. '쉽게' '바로' '누구나' 표현을 쓴다면 다음 3가지를 함께 사용하자.

- 현실감 있는 베네핏
- 밴드왜건 효과 살리기 또는 권위 보여주기
- 증거 제시

주의해야 할 점은 단 하나다. 절대 거짓말을 해서는 안 된다. 거짓이 없을 때만 '쉽게' '바로' '누구나' 표현법을 사용해야 한다.

표현법 ⑫
오감 자극하기

여러분은 다음 3가지 캐치 카피 예시에서 (1)과 (2) 중 어느 쪽에 호감을 느끼는가?

(1)	(2)
피부가 좋아하는 화제의 스킨케어	탱탱하고 촉촉하고 윤기 도는 화제의 스킨케어
(1)	(2)
헬멧 안이 시원해지는 쾌적함	헬멧 안이 싸~해지는 쾌적함
(1)	(2)
풍미 가득 육즙이 넘쳐흐른다!	풍미 가득 육즙이 입 안에서 주욱~하고 퍼진다!

각 예시를 비교해 보면 (2)가 더 매력적이다. 그 이유는 오감을 자극하는 베네핏이기 때문이다. 오감이란 시각, 청각, 촉각, 미각, 후각이다. 쉽게 말해 눈, 코, 입, 귀, 피부로 느껴지는 표현이다.

베네핏을 오감에 호소하는 표현이 효과적인 이유는 즐거운 미래를 더욱 현실감 있게 상상할 수 있기 때문이다.

오감에 호소하는 표현 만드는 요령

어떻게 해야 오감에 호소하는 표현을 효과적으로 만들 수 있을까? 쾌락을 느끼는 찰나의 순간에 집중하자. 베네핏을 체험하는 순간 고객의 눈, 코, 입, 귀, 피부는 어떻게 될까?

여기에 집중하면 오감에 호소하는 좋은 표현을 떠올릴 수 있다. 오감에 호소하는 표현은 특히 미용 업계나 화장품 업계에서 자주 사용한다. '고객 확보 효과'라는 베네핏을 표현한 다음 카피를 비교해 보자.

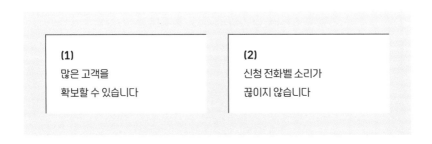

(2)는 고객이 넘치는 순간을 구체적으로 이미지화할 수 있다. 그 이유는 '전화벨 소리가 끊이지 않는다'라는 표현이 '청각'에 호소하고 있기 때문이다.

표현법 ⑬
계속 읽게 하기

캐치 카피의 역할은 읽는 이의 주의를 단숨에 끌어 광고를 계속 읽게 만드는 데 있다. 계속 읽게 만들기 위해 알아둬야 할 심리 효과가 바로 자이가르닉 효과(Zeigarnik effect)다.

자이가르닉 효과란?

자이가르닉 효과란 완성품보다 미완성품에 흥미를 갖는 심리를 말한다. 즉 캐치 카피에서는 일부러 미완결된 정보를 흘려 읽는 이의 호기심을 자극할 수 있다.

캐치 카피를 읽는 사람이 '왜 그런 거지?' '어째서?'라고 생각하도록 만드는 것이 핵심이다. 다음 카피를 살펴보자.

(1)
단 10초!
이 크림을 바르면
만원 지하철에서 마스크를 해도
안경에 습기가 차지 않는다

(2)
단 10초!
만원 지하철에서 마스크를 해도
안경에 습기 차지 않는 방법

(1)은 캐치 카피만 봐도 베네핏을 확보하는 답(습기 방지 크림)을 알

수 있다. 반면 (2)는 답에 해당하는 상품을 감췄기 때문에 광고를 계속 읽지 않으면 궁금증이 해소되지 않는다.

　'왜 그런 거지?' '어째서?'라고 생각하게 만드는 카피는 말할 것도 없이 (2)다. 즉 (2)는 자이가르닉 효과를 잘 활용한 카피다.

모든 캐치 카피의
공통된 주의점

이상으로 캐치 카피를 강화하는 13가지 표현법에 관해 알아봤다. 모든 표현법을 매번 사용할 필요는 없다. 사용할 만한 표현법, 효과가 있을 만한 표현법을 상황에 맞게 선별하자.

> 가장 조심해야 할 점은 표현에 너무 집중한 나머지
> 의미를 알 수 없는 카피가 되는 거죠.

다시 한번 강조하자면, 캐치 카피는 '소구를 매력적으로 표현하는 말'이다. 무엇보다 소구가 확실히 전달되는 표현이어야 한다는 점에 주의하자.

씨름 선수 합숙소에 들어가도
살찌지 않는 방법…

씨름 선수에게조차도
어필이 안 되는군!

표현법 ① 베네핏 담기 ·······························

캐치 카피 배우기 → <u>팔리는</u> 캐치 카피 배우기

표현법 ② 베네핏 구체화 ·······························

캐치 카피 배우기 → <u>단 세 줄로 매출이 2배 뛰는</u> 캐치 카피 배우기

표현법 ③ 현실적인 베네핏 제시 ·······················

X　단 한 줄로 매출이 100배 뛰는 캐치 카피 배우기

O　단 세 줄로 매출이 2배 뛰는 캐치 카피 배우기

표현법 ④ 고객 범위 좁히기 ·······························

X　자녀 성적이 고민인 어머님께

O　○○중학교 학부모님께

표현법 ⑤ '마음의 소리'로 바꾸기 ·······················

노화 방지에 관심 있는 분께 → 젊은 시절로 돌아가고 싶은 분께

표현법 ⑥ 숫자 활용하기

구체적인 숫자

1,000명 전원 만족 → 1,000명 중 982명 만족

가치를 바로 알 수 있는 표현

재구매율 90%인 식빵 → 10명 중 9명이 다시 구매하는 식빵

단위를 매력적으로 조정하기

1일 6,000개 팔림 → 15초에 1개 팔림

표현법 ⑦ 결과 및 실적 보여주기

팔리는 캐치 카피 강좌 → 팔리는 캐치 카피 강좌(수강생 95%가 성공)

표현법 ⑧ 비포&애프터

이미지가 있다면 캐치 카피 아래에 삽입하자.

뭐라고? 운동도 식단 조절도 없이
단 3개월 만에 12kg 감량!

몸무게	체지방
75kg	28%

몸무게	체지방
63kg	8%

이미지 같은 시각적 요소가 없다면 전후 변화를 '숫자 표현'과 '고객의 목소리'로 전달하자.

이런 적은 처음이야

지난달 Facebook으로만

30명이나 예약이 들어왔어요

(물리치료사 ○○○)

표현법 ⑨ 편승 효과 살리기 ···

다수가 선택했다는 증거나 데이터를 보여주자.

'○○랭킹 1위'

'단 3일만에 10,000명 쇄도!'

'○○업계 넘버원 점유율'

표현법 ⑩ 권위 보여주기 ···

권위를 표현하는 요소를 첨가하자.

이비인후과 의사도 인정한 알레르기 대책

왕실 진상품

치과의사회가 인정한 칫솔 등

표현법 ⑪ 쉽게, 바로, 누구나 ···

아래 3가지를 병용하자.

- 현실감 있는 베네핏

- 밴드왜건 효과 살리기나 권위 보여주기

- 증거 제시

표현법 ⑫ 오감 자극하기 ···

쾌락을 느끼는 찰나의 순간에 집중해 표현을 생각해 내자.

풍미 가득 육즙이 넘쳐흐른다! → 풍미 가득 육즙이 입안에서 주욱~하고 퍼진다!

많은 고객을 확보할 수 있습니다 → 신청 전화벨 소리가 끊이지 않습니다

표현법 ⑬ 계속 읽게 하기 ···

읽는 이에게 '왜 그런 거지?' '어째서?'라는 반응을 일으켜 궁금하게 만들자.

단 10초!

이 크림을 바르면

만원 지하철에서 마스크를 해도

안경에 습기가 차지 않는다

↓

단 10초!

만원 지하철에서 마스크를 해도

안경에 습기 차지 않는 방법

제 9 장

구매욕이 높은 A형 타깃에
효과적인 11가지 표현법

'상품명'과 '오퍼'를
확실히 언급하라

이 장에서는 A형 타깃에 효과적인 캐치 카피 표현법을 설명한다. 앞서 A형 타깃의 심리 상태를 다음과 같이 살펴본 바 있다.

A형 타깃의 심리 상태

상품을 구매하고 싶고 강한 흥미를 갖고 있는 타깃

- 구체적인 방법으로 상품을 찾고 있으며 조건이 맞으면 당장 사고 싶다.
- 또는, 선호하는 상품이며 판매를 기다리고 있다.

A형 타깃은 구매욕이 높기 때문에 상품명과 함께 매력적인 오퍼를 확실하게 언급하는 것이 중요하다. "여러분이 기다리던 상품을 좋은 조건으로 구매할 수 있어요!"처럼 솔직하고 담백하게 전달하는 방식이 가장 효과적이다.

따라서 소구를 알기 쉽게 수정하는 것만으로도 충분한 효과를 거둘 수 있다. 이때는 초보자도 쓸 수 있는 캐치 카피 4단계(제7장)가 가장 쉽고 보편적인 방법이다.

이 장에서는 이처럼 '솔직 담백한 캐치 카피'를 보다 효과적으로 표현할 수 있는 11가지 표현법에 관해 살펴본다.

표현법 ①
상품명과 오퍼 강조하기

A형 타깃에 해당하는 고객은 '상품명'과 '오퍼'에 강한 흥미를 느낀다. 따라서 이 두 가지가 눈에 띄도록 표현하는 것이 가장 중요하다. 다음의 캐치 카피를 살펴보자.

소중한 가족을 지켜주세요
마스크 50장 세트 대량 입하
(게다가 10% 할인!!)

'소중한 가족을 지키고 싶다'가 베네핏이고 '마스크 50장 세트'가 상품명이다. 오퍼는 '대량 입하'와 '10% 할인'에 해당한다.

이 정도만 해도 충분하지만, 코로나19 사태 초기에 마스크 품귀 현상이 일어났던 상황을 떠올려보자. '마스크 50장 세트'는 A형 타깃이 강하게 바라는 내용이다. 따라서 상품명과 오퍼가 눈에 띄도록 아래와 같이 수정하면 훨씬 효과적이다.

마스크 50장 세트 대량 입하
게다가 10% 할인!
(소중한 가족을 지켜주세요)

　　만약 광고할 공간이 충분하지 않다면 타기팅 카피나 베네핏을 과감히 생략해도 문제없다. A형 타깃은 베네핏보다 상품명과 오퍼에 주목하기 때문이다.

표현법 ②
'바로 그' 붙이기

'바로 그 ○○가'라는 표현을 본 적이 있을 것이다. 이는 캐치 카피의 기본 표현법 중 하나로, 인기나 화제성을 은근히 드러내는 표현법이다. 간단한 방법으로 읽는 사람의 기대감을 높이는 효과를 준다. 다음 캐치 카피를 살펴보자.

(1)	(2)
'에어 프라이어' 50% 할인 버튼만 누르면 맛있고 건강한 요리를 만들 수 있어요!	바로 그 '에어 프라이어'가 50% 할인 버튼만 누르면 맛있고 건강한 요리를 만들 수 있어요!

에어 프라이어가 필요한 고객을 타깃으로 삼는 경우 (1)보다 (2)가 더 주목을 끄는 카피다.

표현법 ③
'인기' '유명' 키워드 붙이기

이 표현법 역시 간단하게 고객의 기대감을 높여준다. A형 타깃은 인기나 화제성이 있다는 사실에 강한 구매욕을 느낀다.

(1)	(2)
'에어 프라이어' 50% 할인 버튼만 누르면 맛있고 건강한 요리를 만들 수 있어요!	인기 '에어 프라이어' 50% 할인 버튼만 누르면 맛있고 건강한 요리를 만들 수 있어요!

'인기'나 '유명'과 비슷한 의미가 있다면 다른 말이라도 상관없다. 유의어 사전이나 경쟁사 광고에서 다양한 표현을 찾을 수 있을 것이다.

[예시] '화제의' '평판 좋은' '소문의' '유행 중인' '붐을 일으키고 있는' 등

표현법 ④
'지금' 키워드 붙이기

앞에서 소개한 '인기' '화제'와 같은 표현에 '지금'을 추가하면 기대감이 더욱 올라간다. 시대를 막론하고 사람은 유행에 민감하다. 갖고 싶던 상품이 지금 유행 중이라면 A형 타깃의 구매욕은 한 단계 상승한다.

(1)
인기 '에어 프라이어'
50% 할인
버튼만 누르면 맛있고 건강한
요리를 만들 수 있어요!

(2)
지금 인기 절정인
'에어 프라이어' 50% 할인
버튼만 누르면 맛있고 건강한
요리를 만들 수 있어요!

위 예시처럼, 다른 표현법을 강조해 주는 보조적 역할을 한다고 생각하면 더욱 활용하기 편할 것이다.

표현법 ⑤
'인기' '유명' 키워드 구체화하기

누구에게 인기인지, 어디서 유명한지를 구체적으로 표현하면 신뢰도가 높아지며 상품의 가치를 더 매력적으로 전달할 수 있다.

(1)
지금 인기 절정인
'에어 프라이어' 50% 할인
버튼만 누르면 맛있고 건강한
요리를 만들 수 있어요!

(2)
SNS에서 지금 인기 절정인
'에어 프라이어' 50% 할인
버튼만 누르면 맛있고 건강한
요리를 만들 수 있어요!

인스타그램, 트위터, MZ세대, 2030, 액티브 시니어, 어린 자녀를 둔 부모, 서울에 사는 중학생 등 구체화할 범위와 방법은 매우 다양하다.

표현법 ⑥
'팔리고 있음' 보여주기

인기 상품이라면 캐치 카피에 '팔리고 있다는 사실'을 가감 없이 드러내자. 사람은 다수가 선택한 상품에 더 흥미를 느낀다. 다음 표현들을 적절히 활용하기 바란다.

'팔리고 있음'을 드러내는 표현
'절찬 판매' '신청 쇄도' '품절 속출' '3개월 예약 대기' '발매 직후 완판'
'재입고 요청' '추가 제작' '공장 풀가동' 등

'팔리고 있음'을 나타내는 표현이라면 어떤 말이라도 상관없다. 유의어 사전이나 경쟁사 광고를 찾아 다양한 표현을 확보해 두자.

표현법 ⑦
'드디어' 키워드 붙이기

이 표현법도 매우 간단하지만 기대감을 높이는 표현이다. 구하기 힘든 상품에 사용하면 단 세 글자로 읽는 사람의 기대치가 급상승한다.

(1)
마스크 50장 세트 대량 입하
(게다가 10% 할인!)

(2)
드디어
마스크 50장 세트 대량 입하
(게다가 10% 할인!)

특히 최근에는 구하기 힘든 상품을 구하려는 고객이 몰려드는 현상을 자주 볼 수 있는데, 이때 '드디어' 표현법이 더욱 효과적일 수 있다.

표현법 ⑧
긴급성 알리기

A형 타깃은 상품에 대한 구매욕이 강하기 때문에 재촉하는 느낌의 카피가 효과적이다. 캐치 카피에 '서두르세요'와 같은 표현을 추가한다. 다음의 두 카피를 비교해 보자.

(1)	(2)
마스크 50장 세트 대량 입하	서두르세요! 마스크 50장 세트 대량 입하

사실은 재고가 많이 있다고 해도 '서두르세요'라는 한 마디만으로 긴급성이 상승하며 구매를 촉진한다. 긴급성을 전달할 수 있다면 아래와 같은 표현도 상관없다.

긴급성을 알리는 표현
'마감 임박' '추가 판매 미정' '재고 부족' '선착순' 등

이 표현법 역시 유의어 사전이나 경쟁사 광고를 찾아보면 다양한 표현들이 있다.

표현법 ⑨
자이가르닉 효과

제8장에서 살펴본 자이가르닉 효과는 A형 타깃을 대상으로 하는 캐치 카피에도 쓰인다. 핵심은 '궁금증 유발'이다. 다음 (1)과 (2)의 캐치 카피를 살펴보자. 마지막 말을 살짝 바꾸기만 해도 궁금증을 유발하는 카피가 된다.

(1) 드디어, 마스크 50장 세트 대량 입하	(2) 드디어 마스크 50장 세트를 대량 입하했는데…

문장 말미에 '했는데…'만 붙여도 미완성 정보가 된다. 이 역시 자이가르닉 효과를 기대할 수 있는 표현이다.

표현법 ⑩
오퍼 가치 매력적으로 전달하기

제16장에서 상세히 다루겠지만, 오퍼란 고객과 약속하는 거래 조건을 의미한다. 강렬한 오퍼에 따라 반응도 커지므로 적극적으로 활용하자.

표현으로 달라지는 오퍼의 가치

예를 들어 '호화 사은품 증정'이라는 오퍼를 '3만 원 상당 사은품 증정'이라고 바꾸면 받아들이는 느낌이 달라진다. 만 원에 판매하는 상품을 30% 할인한 오퍼로 판매하는 경우라면, '10,000원 → 7,000원'과 같이 표현하거나 '3,000원을 돌려드립니다'처럼 표현할 수도 있다. '무료 배송' 오퍼도 '배송료 4,000원 무료'나 '배송료는 회사가 전액 부담합니다'와 같이 표현할 수 있다.

어떤 표현이 좋을지는 상황에 따라 다르겠지만, 오퍼 표현은 반응성에 직접적으로 영향을 주는 경우가 많기 때문에 가장 효과적인 표현을 찾는 일이 중요하다.

표현법 ⑪
오퍼의 이유 보충하기

강렬한 오퍼는 반응성을 크게 높일 수 있다. 하지만 너무 강렬한 오퍼는 '정말?' '속는 건 아닌가?' '품질이 나쁜 게 아닐까?' 하는 의심을 불러일으킨다. 사람들은 다음 카피의 오퍼를 보고 어떤 반응을 보일까?

> 홋카이도산 맛있는 대게가 기간 한정 반값!

반값이라는 오퍼가 너무 강렬한 나머지 '어차피 살도 많이 없고 퍼석퍼석할 거야.'라고 의심하는 사람이 적지 않을 것이다.

이처럼 강렬한 오퍼는 효과적이지만 의심을 사는 경우가 많다. 이럴 때는 오퍼가 가능한 이유를 보충 설명하면 효과적이다. 다음과 같은 캐치카피를 예로 들 수 있다.

> 홋카이도산 맛있는 대게가 기간 한정 반값!
> 다리가 잘려 상품성이 낮은 대게를 특별가로 판매합니다
> 살도 가득하고 맛도 변함없어요!

표현법 ① 상품명과 오퍼 강조하기

A형 타깃은 베네핏보다 상품명과 오퍼에 주목한다.

표현법 ② '바로 그' 붙이기

'에어 프라이어' 50% 할인 → 바로 그 '에어 프라이어'가 50% 할인

표현법 ③ '인기' '유명' 키워드 붙이기

'에어 프라이어' 50% 할인 → 인기 '에어 프라이어' 50% 할인

※ '인기' '유명'과 비슷한 표현 예시

　'화제의' '평판 좋은' '소문의' '유행 중인' '붐을 일으키고 있는' 등

표현법 ④ '지금' 키워드 붙이기

인기 '에어 프라이어' 50% 할인 → 지금 인기 절정 '에어 프라이어' 50% 할인

표현법 ⑤ '인기' '유명' 키워드 구체화하기

지금 인기 절정 '에어 프라이어' 50% 할인 → SNS에서 지금 인기 절정 '에어 프라이어' 50% 할인

표현법 ⑥ '팔리고 있음' 보여주기

'절찬 판매' '신청 쇄도' '품절 속출' '3개월 예약 대기' '발매 직후 완판'

'재입고 요청' '추가 제작' '공장 풀가동' 등

표현법 ⑦ '드디어' 키워드 붙이기

마스크 50장 세트 대량 입하 → 드디어! 마스크 50장 세트 대량 입하

표현법 ⑧ 긴급성 알리기

'서두르세요' '마감 임박' '추가 판매 미정' '재고 부족' '선착순' 등

표현법 ⑨ 자이가르닉 효과

드디어! 마스크 50장 세트 대량 입하 → 드디어! 마스크 50장 세트를 대량 입하했는데…

※ 문장 말미를 '했는데…'라는 표현으로 끝낸다.

표현법 ⑩ 오퍼 가치 매력적으로 전달하기

호화 사은품 증정 → 3만 원 상당 사은품 증정

만 원짜리 상품을 '30% 할인' → '~~10,000원~~ 7,000원' 또는 '3,000원을 돌려드립니다'

무료 배송 → '배송료 4천 원 무료' 또는 '배송료는 회사가 전액 부담합니다'

표현법 ⑪ 오퍼의 이유 보충하기

홋카이도산 맛있는 대게가 기간 한정 반값!

다리가 잘려서 상품성이 낮은 대게를 특별가로 판매합니다

살도 가득 차 있고 맛도 변함없어요!

제10장

검토 중인 B형 타깃에
효과적인 9가지 표현법

지금까지와의 차이, 다른 것과의 차이 어필하기

이 장에서는 B형 타깃에 효과적인 캐치 카피 표현법을 살펴본다. B형 타깃의 심리 상태는 다음과 같다.

B형 타깃의 심리 상태

상품을 알고는 있지만 아직 갖고 싶지 않은 타깃
- '어떡하지?' '어떤 걸로 사지?' 검토 중이다.

B형 타깃은 상품을 비교 또는 검토 중인 타깃이기 때문에 캐치 카피에서 차이점을 강조하는 것이 중요하다. '지금까지와의 차이'나 '다른 것과의 차이' 등 다른 상품에 비해 탁월하게 좋은 점을 보여줘서 매력을 느끼게 하는 캐치 카피가 필요하다. 이 장에서는 차이점을 매력적으로 드러내는 9가지 표현법을 준비했다.

표현법 ①
○○하지 말라

'○○하지 말라'라는 표현이 들어간 카피를 본 적이 있을 것이다. 이는 '칼리굴라 효과(Caligula effect)'를 노린 표현법이다. 칼리굴라 효과란 금지할수록 더 강하게 하고 싶어지는 심리를 뜻한다.

예를 들어 롤러코스터나 공포 영화의 홍보 문구에 '심장이 약한 분은 자제해 주세요'라는 표현이 있으면 '도대체 얼마나 무섭길래?'라며 관심이 더 생긴다. 마찬가지로 '관람 금지'라고 쓰여 있으면 오히려 더 궁금해지는 것이 사람 마음이다.

무엇을 금지할 것인가?

'○○하지 말라' 표현법에서는 '무엇을 금지할 것인가?'가 중요하다. 금지 대상을 잘못 선택하면 의미가 없다. B형 타깃이 목표일 때는 지금까지 경험한 나쁜 감정을 금지하면 효과적이다.

다음 카피를 살펴보자. 마케팅용 트위터 운영법을 가르치는 강좌의 카피다.

> 하루 2회 트윗으로 팔로워 1,000명 늘리는 방법은?

일단 이 캐치 카피에서 무엇을 금지할 것인지 생각해 보자. 트위터 운영을 배워본 적이 있는 사람이라면 알겠지만, 일반적으로 팔로워를 늘리려면 '매일 많은 트윗을 업로드하는 것'이 중요하다. 하루에 10번 이상 올려야 한다는 사람도 있다.

그렇다 보니 많은 트윗을 꾸준히 업로드하기가 어려워 포기하는 사람이 대부분이다. 즉 타깃이 지금까지의 경험으로 느끼고 있는 나쁜 감정은 '매일 많은 트윗 업로드'인 것이다. 이를 금지하면 칼리굴라 효과를 이끌어내는 표현을 만들 수 있다. '○○하지 말라' 표현법에 적용하면 다음과 같은 카피가 된다.

> 매일 많은 트윗 업로드는 이제 안녕

단, 이 표현법을 사용할 때 주의할 점이 있다. 금지한 뒤에는 반드시 바로 베네핏을 노출해야 한다는 것이다. 이렇게 하지 않으면 애써 눈길을 사로잡은 것이 수포로 돌아간다. 타이밍을 놓치면 고객은 광고를 계속해서 읽지 않는다. 금지 후에 다음과 같이 베네핏을 덧붙이면 효과를 볼 수 있다.

> 매일 많은 트윗 업로드는 이제 안녕
> 하루 단 2회 트윗으로 팔로워 1,000명 늘리는 방법은?

‘하지 말라’ 부분은 금지를 나타내는 말이라면 상황에 따라 자유롭게 써도 된다. ‘하지 마세요’ ‘멈춰라’ ‘삼가세요’ 등 어떤 표현도 상관없다.

표현법 ②
○○하는 것은 오늘로 끝내라

이런 형식의 문장도 종종 쓰이는 표현인데, 활용법에 요령이 있다. 바로 '무엇을 끝내는가?'를 심사숙고해서 정하는 일이다.

B형 타깃을 목표로 할 때, 기존 상품에서 느꼈던 나쁜 감정을 끝낼 수 있다는 것이 잘 전달되지 않으면 효과를 볼 수 없다. 앞서 살펴본 카피를 예로 든다면 어떻게 수정하는 것이 좋을까?

> 하루 2회 트윗으로 팔로워 1,000명 늘리는 방법은?

타깃은 매일 많은 트윗을 업로드하는 것이 귀찮다고 했으니 다음과 같은 표현이 적절하다.

> 매일 많은 트윗 업로드는 오늘로 끝내라

이 표현법도 칼리굴라 효과와 마찬가지로 바로 베네핏을 보여줘야 한다. 그렇지 않으면 어렵게 관심을 집중시킨 보람도 없이 끝까지 읽지 않는 캐치 카피가 된다.

> 매일 많은 트윗 업로드는 오늘로 끝내라
> 하루 단 2회 트윗만으로 팔로워 1,000명 늘리는 방법은?

'오늘로 끝내라' 부분은 '이제 그만!'처럼 다른 표현으로 바꿔도 상관
없다.

표현법 ③
○○인 당신에게(○○인 분께)

칵테일 파티 효과를 노리는 표현법이다. B형 타깃이 목표라면 읽는 사람이 기존 상품에서 느꼈을 나쁜 감정을 찌르는 표현이 효과적이다. 예를 들어 다음과 같은 표현이다.

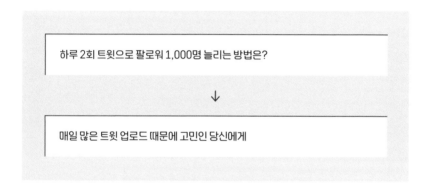

> 하루 2회 트윗으로 팔로워 1,000명 늘리는 방법은?
>
> ↓
>
> 매일 많은 트윗 업로드 때문에 고민인 당신에게

'○○인 당신에게' 표현법은 타깃이 실제로 마음속으로 중얼거릴 것 같은 말로 표현하면 칵테일 파티 효과를 한층 높일 수 있다.

매일 많은 트윗 업로드 때문에 고민인 당신에게

매일 억지로 여러 번 트윗하는 건 정말 진절머리 나!

이 표현법 역시 베네핏이 바로 보이지 않으면 관심만 보이고 더 읽지 않기 때문에 주의하자. 정리하면 아래와 같은 카피로 완성할 수 있다.

매일 억지로 여러 번 트윗하는 건 정말 진절머리 나!
하루 단 2회 트윗만으로 팔로워 1,000명 늘리는 방법은?

표현법 ④
○○하지 않아도 ●●할 수 있다

이 표현법을 B형 타깃에 사용할 때는 읽는 이가 기존 상품에서 느꼈던 나쁜 감정을 빈전하는 표현이 효과적이다. 즉 '뭐라고! 정말이야?'라는 기분이 들도록 하는 것이 중요하다. 이 느낌만 전할 수 있으면 비슷한 다른 표현으로 바꿔도 상관없다.

비슷한 표현

- ○○하지 않아도 ●●할 수 있다(있었다)

- ○○없이 ●●할 수 있다(있었다)

- ○○하지 않고도 ●●할 수 있다(있었다)

- ○○없이도 ●●할 수 있다(있었다)

'○○하지 않아도'의 ○○에는 읽는 이가 기존 상품에서 느꼈던 나쁜 감정을 넣는다. 그리고 '●●할 수 있다'의 ●●에는 베네핏을 넣는다. 다음은 앞의 카피 예시에 이 표현을 사용한 모습이다.

하루 2회 트윗으로 팔로워 1,000명 늘리는 방법은?

매일 많은 트윗을 업로드하지 않아도
하루 단 2회 트윗만으로 팔로워를 1,000명 늘릴 수 있다

마지막 부분에 '방법'을 넣으면 자이가르닉 효과도 볼 수 있다.

표현법 마지막에 '방법'을 넣은 형태도 추천

- ○○하지 않아도 ●●할 수 있다 → ○○하지 않아도 ●●할 수 있는 방법

- ○○없이 ●●할 수 있다 → ○○없이 ●●할 수 있는 방법

앞선 카피에 '방법'을 넣으면 다음과 같다.

매일 많은 트윗을 업로드하지 않아도
하루 단 2회 트윗만으로 팔로워 1,000명 늘리는 방법

표현법 ⑤
○○가 선택했다

이 표현법도 자주 볼 수 있다. B형 타깃에게는 누군가가 선택했다는 사실이 중요하다. '기존 상품에 만족하지 못한 사람'이나 '다른 상품은 만족하지 못하는 사람'이 선택했다는 식의 표현은 더 효과적이다. 이 표현법도 반드시 베네핏을 바로 노출하자.

하루 2회 트윗으로 팔로워 1,000명 늘릴 수 있는 방법은?

매일 많은 트윗 업로드 때문에 고민하는 사람들이 선택했다
하루 단 2회 트윗만으로 팔로워 1,000명 늘리는 방법은?

표현법 ⑥
의외성을 강화하는 5가지 표현법

B형 타깃은 '다른 점'에 주목한다. 이를 달리 표현하면 '의외성'에 끌린다고도 할 수 있다. 다음 5가지는 의외성을 드러낼 때 효과적인 표현법이다.

의외성을 강화하는 5가지 표현법

1) ○○로 ●●하는 방법

2) 왜(어떻게) ○○로 ●●인가?

3) 세상에, ○○로 ●●하다니…

4) 이렇게 나는 ○○로 ●●할 수 있었다

5) ○○로 당신도 ●●하지 않겠습니까?

○○에는 의외성을 강화하는 요소를 넣고, ●●에는 구체적인 베네핏을 넣는다. 다음 캐치 카피를 위 표현법에 적용해서 수정해 보자.

브러시를 사용하지 않고 물만으로 욕실 곰팡이를 제거한다
스팀 청소기 2.0

의외성을 강화하는 요소는 '브러시를 사용하지 않고 물만으로'이며 베네핏 부분은 '욕실 곰팡이를 제거'이다.

---

1) ○○로 ●●하는 방법

→ 브러시를 사용하지 않고 물만으로 욕실 곰팡이를 제거하는 방법

2) 왜(어떻게) ○○로 ●●인가?

→ 어떻게 브러시를 사용하지 않아도 물만으로 욕실 곰팡이를 제거할 수 있을까?

3) 세상에, ○○로 ●●하다니…

→ 세상에, 브러시를 사용하지 않고 물만으로 욕실 곰팡이를 제거하다니…

4) 이렇게 나는 ○○로 ●●할 수 있었다

→ 이렇게 나는 브러시를 사용하지 않고 물만으로 욕실 곰팡이를 제거할 수 있었다.

5) ○○로 당신도 ●●하지 않겠습니까?

→ 브러시를 사용하지 않고 물만으로 당신도 욕실 곰팡이를 제거해 보지 않겠습니까?

'스팀 청소기 2.0'이라는 상품명은 노출하지 않았다. 그 대신 의외성이 높고 자이가르닉 효과가 높은 표현으로 바뀌었다.

이들 표현법은 형태를 유지하는 것이 중요하다. 표현법을 적용하고 나서 조금이라도 어색하거나 위화감이 든다면 사용하지 말자. 위 예시 중에서 다음 카피는 다소 이해하기 어렵고 애매한 표현이 되었다.

> **4)와 5)는 부적절**
>
> - 이렇게 나는 브러시를 사용하지 않고 물만으로 욕실 곰팡이를 제거할 수 있었다.
> - 브러시를 사용하지 않고 물만으로 당신도 욕실 곰팡이를 제거해 보지 않겠습니까?

캐치 카피는 소구를 매력적으로 전달하기 위해 존재한다. 소구가 이해하기 어려워진다면 억지로 표현법을 사용할 필요는 없다.

표현법 ⑦
피아노 카피

　원래 피아노 교재 판매용으로 만들어진 '피아노 카피'는 아주 유명한
카피 표현법 중 하나다.

> 내가 피아노 앞에 앉았을 때
> 그들은 나를 비웃었다.
> 그러나, 내가 연주를 시작하자…!(피아노 교재 판매)

　이 광고는 미국의 유명 카피라이터 존 케이플즈(John Caples)가 쓴
카피로 60년 이상 좋은 반응을 이끌어내고 있다고 한다. 이 표현법은 프
랑스어 교재 판매 광고에도 사용되어 훌륭한 성과를 올렸다.

> 웨이터가 내게 프랑스어로 말을 걸자
> 모두가 깔보듯 쳐다봤다.
> 그러나, 능숙하게 대답하자 이번에는 놀라며 쳐다봤다.(프랑스어 교재 판매)

　피아노 카피는 다음 표현법을 응용해서 쓸 수 있다.

> ○○하자 ●●가 비웃었다. 그러나, ○○하자…

이 표현법에서 중요한 점은 바보 취급받던 주인공이 의외의 결과를 낸다는 스토리가 담겨야 한다. 스토리에 의외성이 강할수록 강력한 자이가르닉 효과를 얻을 수 있다. '비웃었다' 부분은 주인공이 바보 취급당한다는 이미지를 전달할 수 있다면 다른 표현도 상관없다. 예를 들어 다음과 같은 표현도 가능하다.

> "어차피 냉동 참치잖아?"
> 셰프가 코웃음 쳤다.
> 그러나, 한 입 먹은 순간… (냉동 참치 제품)

> "뭐? 피부관리를 받겠다고?"
> 남편이 말도 안 된다는 듯이 웃었다.
> 그러나, 집에 돌아오자마자… (피부관리 전문 센터)

> "절대 투자할 생각 마."
> 동료가 한심하다는 듯이 말렸다.
> 그러나, 3개월 뒤… (주식 투자 강좌)

B형 타깃이 목표인 피아노 카피에는 어떤 상품인지 알 수 있는 말을 넣자. 검토 중인 고객에게 상품을 인지시키는 효과를 거둘 수 있다.

표현법 ⑧
최신 ○○

'최신'은 호기심을 자극하는 말이다. 사람은 보통 새로운 정보에 흥미를 느끼기 마련이다. 많은 매체가 최신 정보를 매일 소개하는 것만 봐도 알 수 있다.

B형 타깃에게는 특히 최신이라는 말이 효과적이다. 왜냐하면 '차이'에 주목하는 타깃이기 때문이다. 그들은 기존과는 다른 새로움을 추구한다. 다음의 캐치 카피는 '최신' 키워드를 넣어서 인상이 크게 달라진 예다.

이비인후과 의사도 인정한 알레르기 대책은?

↓

이비인후과 의사도 인정한 최신 알레르기 대책은?

새롭다는 의미를 전달할 수 있다면 '최신'과 다른 표현도 상관없다. 유의어 사전이나 경쟁사 광고를 다양하게 찾아보자.

'최신'과 비슷한 표현 예시 ※명사나 형용사 모두 OK!

'최첨단' '트렌드' '새로운' '혁신적' '업계 최초' '첫 소개' '지금까지 없었던' '차세대' 'ㅇㅇ 2.0' 등

최신 고려청자 2.0
절찬리 판매 중….

그건 그렇게 쓰면
안 될 것 같아….

표현법 ⑨
실패하지 않는 ○○

'실패하지 않는 이직법' '실패하지 않는 중고차 구매' '실패하지 않는 첫 캠핑' 등 '실패하지 않는 ○○'는 대표적인 카피 표현이다. 이 표현법은 다음과 같이 구성되어 있다.

> **실패하지 않는다+자주 실패하는 일(실패할 것 같은 일)**

자주 실패하는 일을 막아주는 상품류를 홍보하는 데 효과적이면서 손쉬운 표현법이다. 다만, 그 일이 정말로 자주 실패하는지를 철저히 조사해서 알아봐야 한다. 예를 들어 '실패하지 않는 컵라면 물 맞추기'와 같이 실제로는 자주 실패하는 일이 아니라면 누구에게도 관심을 끌기 어렵다.

그리고 상황에 맞는 베네핏을 반드시 넣어주자. 고객의 관심을 유지해 광고를 끝까지 읽게 만드는 데 필요하다.

[사례 1] 취업 정보 서비스 업체
실패하지 않는 이직법 (높은 연봉과 퇴근 후 자유로운 시간을 찾아서)

[사례 2] 중고차 정보 제공 업체

실패하지 않는 중고차 찾기 (오래 탈 차 고르는 법)

- -

[사례 3] 캠핑 용품점

실패하지 않는 첫 캠핑 (맛있고, 즐겁고, 다시 가고 싶은 여행을 위해)

지금까지 총 9가지 표현법을 살펴봤다. 이 장에서는 B형 타깃 대상으로 설명했지만, 특별한 문제가 없다면 다른 타깃 유형에도 적용할 수 있으므로 A형이나 C형 타깃을 노리고 사용하는 것도 추천한다.

표현법 ① ○○하지 말라 ···

하루 2회 트윗으로 팔로워 1,000명 늘리는 방법은?

→ 매일 많은 트윗 업로드는 이제 안녕

표현법 ② ○○하는 것은 오늘로 끝내라 ·····················

하루 2회 트윗으로 팔로워 1,000명 늘리는 방법은?

→ 매일 많은 트윗 업로드는 오늘로 끝내라

표현법 ③ ○○인 당신에게(○○인 분께) ·····················

하루 2회 트윗으로 팔로워 1,000명 늘리는 방법은?

→ 매일 많은 트윗 업로드 때문에 고민인 당신에게

마음 속으로 중얼거릴 것 같은 말로 표현

→ 매일 억지로 여러 번 트윗하는 건 정말 진절머리 나!

표현법 ④ ○○하지 않아도 ●●할 수 있다 ·····················

하루 2회 트윗으로 팔로워 1,000명 늘리는 방법은?

→ 매일 많은 트윗을 업로드하지 않아도 하루 단 2회 트윗만으로 팔로워를 1,000 명 늘릴 수 있다(또는 늘릴 수 있는 방법)

표현법 ⑤ ○○가 선택했다 ···

하루 2회 트윗으로 팔로워 1,000명 늘리는 방법은?

→ 매일 많은 트윗 업로드 때문에 고민하는 사람들이 선택했다

표현법 ⑥ 의외성을 강화하는 5가지 표현법 ······························

> 브러시를 사용하지 않고 물만으로 욕실 곰팡이를 제거한다
> 스팀 청소기 2.0

1) ○○로 ●●하는 방법

브러시를 사용하지 않고 물만으로 욕실 곰팡이를 제거하는 방법

2) 왜(어떻게) ○○로 ●●인가?

어떻게 브러시를 사용하지 않고 물만으로 욕실 곰팡이를 제거할 수 있을까?

3) 세상에, ○○로 ●●하다니…

세상에, 브러시를 사용하지 않고 물만으로 욕실 곰팡이를 제거하다니…

4) 이렇게 나는 ○○로 ●●할 수 있었다

이렇게 나는 브러시를 사용하지 않고 물만으로 욕실 곰팡이를 제거할 수 있었다.

5) ○○로 당신도 ●●하지 않겠습니까?

브러시를 사용하지 않고 물만으로 당신도 욕실 곰팡이를 제거해보지 않겠습니까?

※4)와 5)는 표현상 부적절(표현법 적용 후 조금이라도 위화감이 있다면 사용하지 말자.)

표현법 ⑦ 피아노 카피

"어차피 냉동 참치잖아?" 셰프가 코웃음 쳤다. 그러나, 한 입 먹은 순간…

(냉동 참치 제품)

"뭐? 피부관리를 받겠다고?" 남편이 말도 안 된다는 듯이 웃었다. 그러나, 집에 돌아오자마자…

(피부관리 전문 센터)

"절대 투자할 생각 마." 동료가 한심하다는 듯이 말렸다. 그러나, 3개월 뒤…

(주식 투자 강좌)

※B형 타깃이 목표인 피아노 카피에는 어떤 상품인지 알 수 있는 말을 넣자.

표현법 ⑧ 최신 〇〇

이비인후과 의사도 인정한 알레르기 대책은?

→ 이비인후과 의사도 인정한 최신 알레르기 대책은?

※'최신'과 비슷한 표현 예시

'최첨단' '트렌드' '새로운' '혁신적' '업계 최초' '첫 소개' '지금까지 없었던'
'차세대' '〇〇 2.0' 등

표현법 ⑨ 실패하지 않는 ○○

실패하지 않는다+자주 실패하는 일(실패할 것 같은 일)

실패하지 않는 이직법(취업 정보 서비스 업체)

실패하지 않는 중고차 찾기(중고차 정보 제공 업체)

실패하지 않는 첫 캠핑(캠핑 용품점)

주의점

9가지 표현법은 B형 타깃을 대상으로 설명했지만, 다른 타깃 유형에도 특별한 문제가 없다면 사용할 수 있다.

구인 광고에도 카피가 사용된다

이 책에서 설명하는 카피는 구인 광고에서도 성과를 올리고 있다. 필자가 운영하는 온라인 카페 회원인 S씨는 간병인 모집 구인 광고에 캐치 카피 기술을 활용해 탁월한 성과를 거뒀다.

요양원 업계는 늘 인력이 부족해 직원을 구하는 데 막대한 비용을 들이고 있다. S씨가 근무하는 요양 시설은 인력 소개 업체와 계약해, 한 명당 600만~700만 원을 소개비로 지불하고 있었다. 부담을 느꼈던 S씨는 구인 광고 전단지를 직접 만들어 배포하기로 했다.

그 결과 시설이 원하는 이상적인 인재를 2명 채용했다. 광고비는 110만 원이었으니 꽤 큰 비용 절감에 성공한 것이다. 아래는 당시의 캐치 카피다.

> 끊임없는 기저귀 교환과 목욕에 지친 간병인 여러분께
> 시간에 쫓기지 않고 어르신들을 느긋하게 간병할 수 있는…

타깃인 간병인의 심리 상태를 잘 파악해서 그들의 마음을 움직일 수 있는 베네핏을 매력적으로 어필하고 있는 카피다. S씨는 그 후 독자적으로 제작한 구인 전단지로 마음에 드는 간병인을 구할 수 있었고 구인 비용도 크게 줄일 수 있었다.

이 성과를 요양 시설 모기업의 경영진이 알게 되어 연간 30억 원을 채용 비용으로 지불하는 계열사의 구인 업무를 맡게 되었다.

제11장

구매욕이 낮은 C형 타깃에
효과적인 10가지 표현법

상품을 파는 대신 해결책 말해주기

이 장에서는 C형 타깃에 효과적인 캐치 카피 표현법을 살펴보겠다. C형 다깃의 심리 상태는 다음과 같다.

C형 타깃의 심리 상태

베네핏에는 흥미가 있지만 상품을 알지 못하는 타깃

- '무슨 좋은 방법이 없을까?' '어떻게 해야 좋을까?' 고민과 욕구가 막연하다.

C형 타깃은 구매욕이 낮다. 상품의 가치를 모르는 고객층이기 때문에 한눈에 봤을 때 캐치 카피에 광고색이 짙으면 곧바로 흥미를 잃어버린다.

따라서 C형 타깃을 대상으로 카피를 쓸 때의 핵심은 '광고색 없애기'다. 판매가 목적이라는 뉘앙스를 지우고 고객에게 '해결책'을 제시하는 캐치 카피가 효과적이다. 이 포인트를 기억하면서, 구매욕이 낮은 타깃이 궁금해하며 뒤돌아볼 수 있는 표현법을 알아보자.

표현법 ①
상품명 숨기기

C형 타깃은 판촉(프로모션) 활동을 싫어한다. 상품의 가치를 모르기 때문이다. 상품 자체를 들어본 적이 없는 사람도 많다. 따라서 캐치 카피에 '이 상품 좋아요'라는 뉘앙스가 풍기면 역효과가 발생할 가능성이 높다. '뭐야, 광고야?' 하고 바로 관심을 끈다.

원하는 건 해결책

C형 타깃이 바라는 것은 상품이 아니다. 자신의 고민을 해결하고 욕구를 충족할 방법에 흥미를 갖는다. 그러므로 C형 타깃이 목표인 캐치 카피는 상품명을 감추는 것이 유리하다.

상품명을 감추면서 훌륭한 해결책을 제시하면 자이가르닉 효과를 높이는 메시지를 만들 수 있다. 예를 들면, 다음과 같이 캐치 카피에서 상품명을 삭제하는 것이다.

칼을 사용하지 않고 생선을 다듬을 수 있는 조리 도구 'OO생선 비늘 제거기'

↓

칼을 사용하지 않고 생선을 다듬는 법

직장 경력 2년 차인 그가 연봉 1,000만 원 인상에 성공한
'취업 정보 서비스 업체 ABC'

직장 경력 2년 차인 그가 연봉 1,000만 원 인상에 성공한 방법

표현법 ②
○○하지 말라

제10장에서도 언급한 칼리굴라 효과(금지할수록 더 하고 싶어지는 심리 현상)를 응용한 표현법으로 C형 타깃에도 효과적이다. 핵심은 읽는 이가 알고 있는 기존의 다른 해결책을 금지하는 것이다. 효과는 알지만 가능한 한 하고 싶지 않은 방법을 금지하는 것이 좋다.

다른 해결책 금지하기

'간헐적 단식'을 활용한 다이어트 프로그램 판매를 예로 들어보자. 매일 의식적으로 먹지 않는 시간을 만들어 다이어트를 돕는 프로그램이다.

공복 시간을 힘들게 견뎌야 하지만 당분을 과도하게 제한하지 않아도 된다. 널리 알려진 상품도 아니기 때문에 C형 타깃에 효과적이다. 여기서 타깃은 '다이어트에 성공하고 싶은 사람'인데, 금지해야 할 다른 해결책이 무엇일까? 즉 효과는 알지만 가능하면 하고 싶지 않은 해결책은 무엇일까? 여러 가지가 떠오르지만 '당분 제한'이라는 해결책을 금지할 수 있다. 예를 들어 다음과 같은 캐치 카피를 생각해 보자.

> 당분 제한 다이어트는 이제 그만두자
> 이 방법이라면 따끈한 쌀밥을 마음껏 먹어도 괜찮아

C형 타깃에도 마찬가지로 금지 명령 뒤에는 베네핏을 바로 노출해 주자.(앞 예시에서 밑줄 부분에 해당한다.)

표현법 ③
○○인 당신에게(○○인 분께)

칵테일 파티 효과를 노린 표현법이다. 앞서 95쪽에서 '타기팅 카피'라는 표현법으로 설명했다. C형 타깃이 목표라면 구체적인 고민, 욕구, 상황을 꼬집는 표현이 효과적이다. '블로그 운영 강좌' 판매를 예로 들어 생각해 보자.

타깃 상황

외주로 홈페이지를 제작하고 광고 업체에 검색 광고를 맡기고 있는데 생각만큼 효과가 없다. 이대로 계속하는 건 돈 낭비일 뿐이다.

베네핏

제작비 0원, 광고비 0원, 인터넷으로 신규 고객 자동 모집

C형 타깃이 목표인 타기팅 카피는 다음과 같이 읽는 이의 심리 상태를 구체적으로 묘사한 표현이 효과적이다.

인터넷 고객 모집은 비용에 비해 효과가 낮다며 고민하는 분께
제작비, 광고비 제로! 신규 고객 모으는 인터넷 고객 모집 비법은?

물론 C형 타깃에서도 타기팅 카피 뒤에는 베네핏을 노출해야 한
다.(밑줄 부분에 해당한다.)

최대한 범위 좁히기

여기서 핵심은 읽는 이의 심리 상태나 상황을 가능한 한 구체화하는
것이다.

C형 타깃은 구매욕이 낮기 때문에 어정쩡한 타기팅 카피로는 주목을
끌 수 없다. '이건 나를 말하는 거잖아!'라는 생각이 들도록 만드는 것이
가장 중요하다.

표현법 ④
○○하지 않아도 ●●할 수 있다

제10장에서도 나왔던 표현법이다. C형 타깃에는 '○○하지 않아도' 부분에 읽는 이가 알고 있는 '다른 해결책'을 넣는다. 효과적이라고 생각하지만 가능하다면 하고 싶지 않은 해결책을 넣는 것이 좋다.

'●●할 수 있다'에는 베네핏을 넣는다. 177쪽에서 설명한 '간헐적 단식'을 활용한 다이어트 프로그램을 예로 들면 다음과 같은 캐치 카피가 된다.

탄수화물을 참지 않아도
자신감 넘치는 몸매를 만들 수 있다

표현법 ⑤
스토리

C형 타깃은 구매욕이 낮기 때문에 광고에 주목하게 만들기가 매우 어려운 고객층이다. 이런 고객에는 스토리를 부각한 표현법도 효과적이다. 다음 카피 중 어느 쪽이 더 끌리는가?

(1)
한 달 만에 200명이나 고객을 모으는 데 성공했습니다

(2)
폐업 직전이었지만
한 달 만에 200명이나 고객을 모으는 데 성공했습니다

스토리는 읽는다

(2)가 더 끌릴 것이다. 그 이유는 스토리가 있기 때문이다. 제15장에서 상세히 설명하겠지만, 스토리가 있는 카피는 그렇지 않은 카피보다 더 눈길이 간다. 스토리는 사람에게 감정이입을 시키는 힘이 있기 때문이다. 고객은 광고라고 해도 스토리가 흥미로우면 관심을 가지고 읽게 된다.

알기 쉽고 기억에 오래 남는다

스토리는 어려운 내용을 이해하기 쉽게 전달하는 효과도 있다. 예를

들어 '눈앞의 이익을 위한 거짓말보다 정직한 마음을 갖는 것이 바람직하다'라는 덕목을 어린아이에게 설명해야 한다면 어떻게 말해줘야 할까?

대부분 쉽지 않다고 생각할 것이다. 이때 장황하게 설명을 늘어놓는 대신《금도끼 은도끼》이야기를 읽어주는 것은 어떨까? 이야기에 빠진 아이의 모습이 떠오르지 않는가?

《금도끼 은도끼》이야기는 짧은 우화인데, 그 이야기를 읽은 거의 모든 사람이 줄거리를 기억하고 있다. 이처럼 스토리는 알기 쉽고 기억에 오래 남는다. 이런 효과를 캐치 카피에 활용하면 높은 효과를 올릴 수 있다.

스토리형 캐치 카피의 3가지 포인트

'작가도 아닌데 스토리를 어떻게 생각해요?'라고 생각하는 사람도 있다. 하지만 광고에는 문학 작품 같은 거창한 스토리가 필요한 것이 아니다. 다음 3가지 포인트만 잘 지키면 누구나 스토리형 캐치 카피를 만들 수 있다.

포인트 1 **V자형**

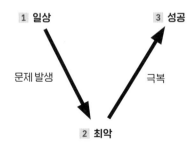

할리우드 영화나 다큐멘터리 영화 대부분이 이 V자형 구조로 되어 있다. 그 이유는 사람의 마음을 움직이는 스토리 구성이기 때문이다. 캐치 카피에서는 **1** 일상은 생략해도 된다. **2** 최악과 **3** 성공을 캐치 카피에 녹여내자.

> 폐업 직전이었지만 … 최악
> 한 달 만에 200명이나 고객을 모으는 데 성공했습니다 … 성공

포인트 2 공감

너무 비현실적인 스토리는 읽는 사람이 받아들이지 않는다. 반전이나 재미도 중요하지만 그에 앞서 고객이 현실적으로 수용할 수 있는 스토리, 공감 가는 스토리여야 한다.

포인트 3 다음 내용이 궁금하게 끝내기

스토리형 캐치 카피는 읽는 이에게 '어째서?' '왜?'라는 궁금증을 유발하는 식으로 끝내는 것이 중요하다. 결론을 내지 말고 읽는 사람의 흥미와 관심을 최대한 끌어올려 자이가르닉 효과를 극대화하자. 다음에 나오는 항목부터는 스토리를 강화하는 표현법을 소개하겠다.

표현법 ⑥
스토리를 강화하는 피아노 카피

제10장에서도 언급한 피아노 카피는 아래와 같은 구조다. 스토리가 많이 부각되는 카피를 만들기에 아주 효과적인 표현법이다.

> ○○하자 ●●가 비웃었다. 그러나, ○○하자…

바보 취급받던 주인공이 훗날 성공한다는 뉘앙스를 주자. B형 타깃의 경우 다른 점은 상품명을 언급하지 않는 것이다. 상품을 직접 거론하는 말을 되도록 배제하는 것이 좋다.

C형 타깃에게는 판매가 목적이라는 뉘앙스를 가능한 한 감추고, 읽는 이의 흥미와 관심만을 유도하는 피아노 카피가 적절하다. 다음과 같은 캐치 카피를 예로 들 수 있다.

> 왜소한 아들을 보고
> 상대팀 투수가 비웃었다
> 그러나, 제1구를 던지는 순간! (유소년 야구 교실)

"그 옷은 못 입겠는데?"
남편이 비아냥거렸다
하지만, 30일 후… (PT 전문 피트니스)

"회사 관두고 도대체 뭐 먹고 살 거야?"
상사는 코웃음을 쳤다
그러나, 3개월 후… (취업 정보 서비스 업체)

그러나, 3개월 후…
아버지의 회사를 물려받았어요.

보기와 달리
있는 집 자식이구나….

표현법 ⑦
○○였다. ●●하기까지는…

이 표현법은 피아노 카피의 변형이라고 생각하면 된다. 이 역시 스토리가 많이 부각되는 표현법이다.

'○○였다'에는 앞서 살펴본 V자형의 2 최악을 넣고, '●●하기까지는…'에는 3 성공의 계기를 넣어 문장을 표현한다. 예를 들어 아래의 캐치 카피는 다음과 같은 표현으로 바꿀 수 있다.

폐업 직전이었지만
한 달 만에 200명이나
고객을 모으는 데 성공했습니다

↓

폐업 직전이었지만
한 달 만에 고객을 200명이나 모았습니다
이 방법을 찾아내기 전까지는…

표현상의 차이가 사소해 보이지만, 후자가 훨씬 더 스토리가 살아 있고 다음에 어떻게 될지 흥미를 유발한다.

표현법 ⑧
스토리를 강화하는 5가지 표현법

스토리를 강화할 때 사용하면 좋은 5가지 표현법을 소개하겠다. 제 10장의 '외외성을 강화하는 5가지 표현법'과 중복되는 표현법도 있지만, 사용법이 다를 수 있으니 주의하자.

스토리를 강화하는 5가지 표현법

1) ○○도 ●●할 수 있다

2) 어떻게 했길래 ○○가 ●●할 수 있었지?

3) ○○가 ●●한 방법

4) 왜, ○○가 ●●인가?

5) 세상에, ○○가 ●●하다니…

C형 타깃을 겨냥한 스토리형 캐치 카피를 만들 때는 ○○에 '불리한 상황'을 넣는다. V자형이라면 **2** 최악에 해당한다. ●●에는 '베네핏'을 넣는다. V자형의 **3** 성공에 해당한다. 다음 캐치 카피를 5가지 표현법에 적용해 보자.

이 '오믈렛 조리기'만 있으면
요리 경험이 없어도 폭신폭신한 오믈렛을 만들 수 있어요

1) ○○도 ●●할 수 있다

→ 요리 경험이 없는 나도 폭신폭신한 오믈렛을 만들 수 있어요

2) 어떻게 했길래 ○○가 ●●할 수 있었지?

→ 어떻게 했길래 요리 경험이 없는 내가 폭신폭신한 오믈렛을 만들 수 있었지?

3) ○○가 ●●한 방법

→ 요리 경험이 없는 내가 폭신폭신한 오믈렛을 만든 방법

4) 왜, ○○가 ●●인가?

→ 왜, 요리 경험이 없는 내가 폭신폭신한 오믈렛을 만들 수 있는가?

5) 세상에, ○○가 ●●하다니…

→ 세상에,, 요리 경험이 없는 내가 폭신폭신한 오믈렛을 만들다니…

깐깐한 셰프가 사용하는
오믈렛 조리기

직장 경력 2년 차인 그가 연봉 1,000만 원 인상에 성공한
'취업 정보 서비스 업체 ABC'

1) ○○도 ●●할 수 있다

→ 식장 경력 2년 차인 그도 연봉 1,000만원 인상에 성공할 수 있다

2) 어떻게 했길래 ○○가 ●●할 수 있었지?

→ 어떻게 했길래 직장 경력 2년 차인 그가 연봉 1,000만원 인상에 성공할 수
   있었지?

3) ○○가 ●●한 방법

→ 직장 경력 2년 차인 그가 연봉 1,000만원 인상에 성공한 방법

4) 왜, ○○가 ●●인가?

→ 왜, 직장 경력 2년 차인 그가 연봉 1,000만원 인상에 성공했는가?

5) 세상에, ○○가 ●●하다니…

→ 세상에, 직장 경력 2년 차인 그가 연봉 1,000만원 인상에 성공하다니…

이들 표현법은 가능한 한 형태를 유지하는 것이 좋다. 단, 표현법을
적용해서 조금이라도 위화감이 있으면 사용하지 않아야 한다.

표현법 ⑨
이렇게 잘못하고 있지 않나요?

읽는 이에게 '상황이 좋지 않음'을 알려서 공포심을 자극하는 표현으로 '공포 소구'라고 한다. 상품에 따라서는 아주 효과적인 표현이므로 반드시 기억해 둬야 할 표현법이다. 이 표현법은 다음 구성을 기본으로 한다.

위험을 느끼는 행동 + 이런 방법은 어떤가요?

입 냄새 대책, 이렇게 잘못하고 있지 않나요? (구취 케어 제품)

입시 대책, 이렇게 잘못하고 있지 않나요? (입시 전문 학원)

면접 대책, 이렇게 잘못하고 있지 않나요? (취업 정보 서비스 업체)

공포 소구형 캐치 카피는 베네핏 노출 없이 읽는 사람의 주목을 끄는 동시에, 광고를 끝까지 읽을 수 있는 표현이어야 한다. 읽는 사람의 공포심을 자극하는 데 집중하는 것이 중요하다.

표현법 ⑩
○○한 결과

유튜브나 인터넷 기사 제목에서 자주 보이는 표현으로, 다음 구성으로 이루어진 표현법이다.

> **자이가르닉 효과가 높은 요소 + ○○한 결과**

자이가르닉 효과가 높은 요소는 '어떻게 될까?' 하고 궁금증을 유발하는 내용이라고 생각하면 된다. 이 역시 표현법 ⑨와 마찬가지로 베네핏을 노출하지 않는 표현법이며, 읽는 사람으로 하여금 '뭔가 재미있을 것 같다'라는 생각을 하게 만드는 것이 목적이다.

상품 판매용 광고가 아니라 정보 제공이 목적인 유튜브나 블로그 기사, 클릭 유도형 배너 광고 등에 활용해도 효과적이다. 고객의 흥미나 관심을 끄는 것이 목표인 경우에 사용하자. 다음과 같은 캐치 카피를 예로 들 수 있다.

탈모로 고민인 내가 수면 시간을 2시간 늘린 결과 (탈모 방지 제품)

학교 성적이 나쁜 아들에게 학원을 그만두게 한 결과 (방문 교사)

40세 전직 프로그래머가 귀농한 결과 (귀농 지원 서비스)

표현법 ① 상품명 숨기기 ·····································

칼을 사용하지 않고 생선을 다듬을 수 있는 조리 도구 'ㅇㅇ생선 비늘 제거기'

→ 칼을 사용하지 않고 생선을 다듬는 방법

직장 경력 2년 차인 그가 연봉 1,000만 원 인상에 성공한

'취업 정보 서비스 업체 ABC'

→ 직장 경력 2년 차인 그가 연봉 1,000만 원 인상에 성공한 방법

표현법 ② ㅇㅇ하지 말라 ·····································

과도한 당분 제한이 필요 없는 다이어트 '간헐적 단식'

↓

당분 제한 다이어트는 이제 그만두자

이 방법이라면 따끈한 쌀밥을 마음껏 먹어도 괜찮아

표현법 ③ ㅇㅇ인 당신에게(ㅇㅇ인 분께) ·····················

홈페이지 외주 제작 없이,

광고 업체에 검색광고를 맡기지 않고도 블로그 고객을 모집하는 법

↓

인터넷 고객 모집은 비용에 비해 효과가 낮다며 고민하는 분께

제작비, 광고비 제로! 신규 고객 모으는 인터넷 고객 모집 비법은?

표현법 ④ ○○하지 않아도 ●●할 수 있다

과도한 당분 제한이 필요 없는 다이어트 '간헐적 단식'

→ 탄수화물을 참지 않아도 자신감 넘치는 몸매를 만들 수 있다

표현법 ⑤ 스토리

한 달 만에 200명이나 고객을 모으는 데 성공했습니다

→ 폐업 직전이었지만 한 달 만에 200명이나 고객을 모으는 데 성공했습니다

표현법 ⑥ 스토리를 강화하는 피아노 카피

○○하자 ●●가 비웃었다. 그러나, ○○하자…

- 왜소한 아들을 보고 상대팀 투수가 비웃었다. 그러나, 제1구를 던지는 순간! (유소년 야구 교실)

- "그 옷은 못 입겠는데?" 남편이 비아냥거렸다. 하지만, 30일 후…. (PT 전문 피트니스)

- "회사 관두고 도대체 뭐 먹고 살 거야?" 상사는 코웃음을 쳤다 그러나, 3개월 후…. (취업 정보 서비스 업체)

※ C형 타깃이 목표인 피아노 카피는 상품명을 언급하지 않는다. 상품을 직접 거론하는 말도 되도록 배제하는 것이 좋다.

표현법 ⑦ ○○였다. ●●하기까지는…

폐업 직전이었지만 한 달 만에 200명이나 고객을 모으는 데 성공했습니다 →
폐업 직전이었지만 한 달 만에 200명이나 고객을 모았습니다. 이 방법을 찾아내기 전까지는…

표현법 ⑧ 스토리를 강화하는 5가지 표현법 ⋯⋯⋯⋯⋯⋯⋯⋯⋯

> 이 '오믈렛 조리기'만 있으면
> 요리 경험이 없어도 폭신폭신한 오믈렛을 만들 수 있어요

1) ○○도 ●●할 수 있다

요리 경험이 없는 나도 폭신폭신한 오믈렛을 만들 수 있어요

2) 어떻게 했길래 ○○가 ●●할 수 있었지?

어떻게 했길래 요리 경험이 없는 내가 폭신폭신한 오믈렛을 만들 수 있었지?

3) ○○가 ●●한 방법

요리 경험이 없는 내가 폭신폭신한 오믈렛을 만든 방법

4) 왜, ○○가 ●●인가?

왜, 요리 경험이 없는 내가 폭신폭신한 오믈렛을 만들 수 있는가?

5) 세상에, ○○가 ●●하다니…

세상에, 요리 경험이 없는 내가 폭신폭신한 오믈렛을 만들다니…

> 직장 경력 2년 차인 그가 연봉 1,000만 원 인상에 성공한
> '취업 정보 서비스 업체 ABC'

1) ○○도 ●●할 수 있다

직장 경력 2년 차인 그도 연봉 1,000만 원 인상에 성공할 수 있다

2) 어떻게 했길래 ○○가 ●●할 수 있었지?

어떻게 했길래 직장 경력 2년 차인 그가 연봉 1,000만 원 인상에 성공할 수 있었지?

3) ○○가 ●●한 방법

직장 경력 2년 차인 그가 연봉 1,000만 원 인상에 성공한 방법

4) 왜, ○○가 ●●인가?

왜, 직장 경력 2년 차인 그가 연봉 1,000만 원 인상에 성공했는가?

5) 세상에, ○○가 ●●하다니…

세상에, 직장 경력 2년 차인 그가 연봉 1,000만 원 인상에 성공하다니…

표현법 ⑨ 이렇게 잘못하고 있지 않나요? ··············

입 냄새 대책, 이렇게 잘못하고 있지 않나요? (구취 케어 제품)

입시 대책, 이렇게 잘못하고 있지 않나요? (입시 전문 학원)

면접 대책, 이렇게 잘못하고 있지 않나요? (취업 정보 서비스 업체)

표현법 ⑩ ○○한 결과 ··

탈모로 고민인 내가 수면 시간을 2시간 늘린 결과 (탈모 방지 제품)

학교 성적이 나쁜 아들에게 학원을 그만두게 한 결과 (방문 교사)

40세 전직 프로그래머가 귀농한 결과 (귀농 지원 서비스)

주의점 ··

C형 타깃 이외에도 이들 10가지 표현법을 사용할 수 있는 여지가 있다면 사용해보자.

캐치 카피 총정리

Summary

표현 기술에 의지하지 않는다 ·······································

카피라이팅은 '소구 만들기'가 8할이다. 소구를 등한시하고 표현 기술만 쫓으면 실패한다. '무엇을 어떻게 말할 것인가'보다는 '누구에게 무엇을 말할 것인가'를 중요하게 생각하자.

적절한 표현법을 고른다 ··

캐치 카피 표현법을 모두 사용할 필요는 없다. 효과적이라고 생각하는 표현법을 상황에 맞게 선택하자. 표현에 집착해서 소구가 전달되지 않으면 아무런 의미가 없다. 캐치 카피 표현법은 소구를 매력적으로 전달하기 위해 존재하는 것이다.

유연하게 생각한다 ··

캐치 카피 표현법을 타깃 유형별(A, B, C)로 나눠서 설명했는데, 실전에서는 반드시 정해진 타깃을 대상으로 하지 않아도 된다. 최적의 표현이 있다면 타깃 유형별로 나누지 말고 유연하게 생각하자.

이번에 설명한 캐치 카피 표현법은
수많은 표현법 중 일부에 지나지 않아요.
평소에 다양한 광고를 체크하는 습관을 길러
좋은 표현이 있으면 그때그때 잘 메모해 뒀다가
자신만의 표현법 리스트를 만들어봅시다.

제12장

읽고 싶은
리드 카피 쓰는 법

눈길을 끄는 데 성공해도
아직 방심은 금물

캐치 카피의 역할은 고객의 주목을 단번에 끌어 광고를 읽게 만드는 일이다. 하지만 캐치 카피로 주목을 끌어도 고객은 아직 광고를 끝까지 읽을 생각이 없다. 이때 필요한 것이 리드 카피다. 이 장에서는 캐치 카피 다음으로 중요한 리드 카피에 관해 알아보자.

모든 광고 문장은 세 부분으로 구성된다

마케팅에 쓰이는 카피는 문장이 긴 편이다. 인터넷에서 세로로 긴 상품 소개 페이지를 본 적이 있을 것이다. 그러나 카피는 아무리 길어도 크게 3가지 구성(캐치 카피-리드 카피-보디 카피)을 따른다.

리드 카피는 캐치 카피 다음에, 즉 캐치 카피를 읽은 후 바로 보이는 곳에 배치한다.

광고의 기본 구조

1) 캐치 카피

2) 리드 카피

3) 보디 카피

고객을 광고 본문으로 이끄는
리드 카피

캐치 카피에 관심을 보인 사람은 기본적으로 다음에 어떤 내용이 있을지를 궁금해하는 상태다. 리드 카피는 이런 궁금증을 최대치로 끌어올리기 위해 존재한다.

캐치 카피로 지핀 불씨에 기름을 붓는다고 생각해 주세요.

리드 카피가 실패하면 캐치 카피로 잡아둔 잠재 고객을 대부분 잃기 때문에 리드 카피의 역할이 매우 중요하다. 역할의 중요도를 고려하면 캐치 카피와 리드 카피는 한 세트로 생각하는 것이 좋다. 리드 카피에는 다음 3가지 중 하나 이상을 언급해야 한다.

리드 카피에서 언급해야 할 내용 3가지
① 캐치 카피를 더욱 강화
② 궁금증 유발(자이가르닉 효과)
③ 매력적인 오퍼

리드 카피의 내용 ①
캐치 카피를 더욱 강화

리드 카피에는 캐치 카피로 전달한 메시지를 더욱 강화하는 내용이 담겨야 한다. 구체적으로는 다음 3가지 중 하나 이상을 내용에 포함해야 한다.

캐치 카피를 더욱 강화하는 3가지

1) 캐치 카피와 다른 베네핏 추가

2) 사회적 증명이나 권위

3) 캐치 카피를 더 상세히 설명

---

1) 캐치 카피와 다른 베네핏 추가

다음은 실제로 필자의 회사에서 대응한 광고 사례다.

미용실 경영자에게 새로운 기능의 파마기를 판매하는 광고로 B형 타깃이 목표다. 즉 새로운 파마기에 흥미가 있는 고객이 대상이다. 이 파마기는 곱슬 교정이나 스트레이트 파마를 한 뒤에도 모발 상태가 좋아지는 효과가 강점이다. 일반적인 파마기는 곱슬 교정이나 스트레이트 파마를 하면 모발 상태가 나빠지므로 다른 상품에 비해 매력적이라고 할 만하다.

이 상품을 도입한 많은 미용실에서 객단가 상승, 재방문율 향상, 집객 효과 상승 등 긍정적인 결과를 내고 있다. 이 경우, 캐치 카피에 '모발 개선 효과'라는 베네핏을 넣었다면 리드 카피에는 경제적인 효과를 넣을 수 있다.

캐치 카피

어떻게 했길래, 곱슬 교정이나 스트레이트 파마로 모발 상태가 개선되었을까?
(비포&애프터 이미지 아래에 배치)

리드 카피

이 '미용 테크닉'으로 다른 미용실과 완전 차별화!
고객 1인당 평균 단가 3만 원 상승, 재방문율 90%,
입소문으로만 신규 고객을 성공적으로 확보할 수 있습니다.

---

2) 사회적 증명이나 권위

'사회적 증명'이나 '권위'를 리드 카피에 추가하면 캐치 카피에서 전달한 메시지의 가치가 높아져 광고를 읽게 만드는 효과가 커진다.

'사회적 증명'을 강조하는 리드 카피

먼저, 사회적 증명을 리드 카피에 넣는 경우다. 중년 골퍼를 타깃으로 한 골프 레슨 광고를 예로 들어보자.

목표는 B형 타깃으로, 골프 실력을 키우고 싶지만 어떤 레슨이 좋을지 고민인 고객이 대상이다. 이 레슨은 단시간에 드라이브 비거리가 향상되는 팁을 알려준다는 강점이 있고, 지금까지 1,000명이 넘는 중년 골퍼의 비거리를 향상시킨 데이터가 있다.

사회적 증명에 해당하는 부분은 '1,000명 이상의 레슨 실적'이다. 이 경우 다음과 같은 캐치 카피와 리드 카피를 생각할 수 있다.

캐치 카피

단 5분, 원포인트 레슨으로
52세 남성의 드라이브 비거리가 30야드 길어지는 방법

리드 카피

파워나 체력이 떨어져 고민인 중년 골퍼 1,000명 이상이 레슨을 받고 비거리가 획기적으로 길어졌습니다.

권위를 강조하는 리드 카피

권위를 강조할 때도 마찬가지로 어렵지 않다. 신규 개원한 입시 학원의 전단지를 예로 들어 살펴보겠다.

B형 타깃이 목표이며 자녀를 어떤 입시 학원에 보낼지 비교 검토 중인 고객이 대상이다. 이 입시 학원의 권위는 유명 교수가 감수를 본 커리큘럼이다. 이때는 다음과 같은 캐치 카피와 리드 카피를 생각할 수 있다.

```
캐치 카피
○○지역에서 입시 학원을 찾으시는 분께

리드 카피
유명 교수 ●●●이
커리큘럼을 감수한 입시 학원이 새로 개원!
```

3) 캐치 카피를 더 상세히 설명

구체화는 신빙성을 높여준다. 따라서 캐치 카피에서 언급한 베네핏을 추가로 상세히 설명하는 리드 카피도 효과적이다.

치과 진료 세미나 사례

다소 특수한 사례이긴 하지만, '구강 기능 발달 부전증'에 관해 배울 수 있는 치과의사 대상의 세미나 광고로 예를 들어보자.

아직 치과의사들이 잘 모르는 분야이기 때문에 C형 타깃이 목표다. 세미나에서 배운 내용으로 구강 기능 발달 부전증을 진료 항목에 추가할 수 있으면 짧고 간단한 진단으로 보험 점수를 올릴 수 있다.(일본의 병원은 각 의료 행위마다 점수가 부여되고 그 점수가 금액이 된다. - 옮긴이)

게다가 해당 질환의 환자 수가 많아지는 추세이므로 치과 의원이 고민하는 경영 문제도 해결할 수 있다는 베네핏을 어필할 수 있다. 따라서 다음과 같은 캐치 카피와 리드 카피를 생각할 수 있다.

캐치 카피

단 5분, 간단한 진단으로 보험 점수를 받을 수 있는
새로운 진료를 아시나요? (게다가 도입 비용 0원!)

리드 카피

아직 많은 치과 클리닉에서 도입하고 있지 않은
'구강 기능 발달 부전증'의 치료 지식, 보험 점수, 검사, 진단, 개선법, 관리 등의
실무를 원스톱으로 배울 수 있습니다

캐치 카피에는 치과 의원의 경영 문제를 해결할 수 있는 베네핏을 넣었고, 리드 카피에는 그것이 가능한 이유(상품의 특징)를 상세히 담아서 정보의 가치를 강화했다.

외벽 도장 광고 사례

이번에는 외벽 도장 광고 사례를 살펴보자.

B형 타깃이 목표로 외벽 도장 업자 선택에 고민 중인 고객이 대상이다. 주요 상품은 셀프 클리닝 기능이 있는 특수 도료를 사용한 외벽 도장이다. 비가 오면 외벽이 저절로 청소가 되는 장점이 있다. 게다가 수명이 25년 이상이다. 이 경우, 다음과 같은 캐치 카피와 리드 카피를 생각할 수 있다.

> **캐치 카피**
>
> 비가 오면 집 외벽이 깨끗해진다고?
>
> **리드 카피**
>
> 수명 25년 이상. 일반 외벽 도장처럼 10년에 한 번씩 칠해줄 필요가 없어 비용 절감 효과도 있습니다.

캐치 카피의 '셀프 클리닉 기능'이라는 베네핏에 '긴 수명'이 추가되어 정보의 가치가 강화되었다.

리드 카피의 내용 ②
궁금증 유발

리드 카피에서 자이가르닉 효과를 강화하는 방법도 효과적이다. 자이가르닉 효과를 높이려면 읽는 사람의 흥미나 욕구에만 집중한 '미완성 정보'를 담아야 한다. 궁금증을 한계점까지 끌어올리는 표현, 즉 '왜?' '어째서?'라는 반응을 보일 만한 표현을 찾자. 핵심은 베네핏을 노출한 뒤에 수수께끼를 남기는 것이다.

피트니스 센터 사례

여성 전용 피트니스 센터 광고를 예로 들어 살펴보자. 캐치 카피만으로도 자이가르닉 효과가 높은 표현이지만, 리드 카피로 자이가르닉 효과를 더욱 강화했다.

캐치 카피

왜 저 사람은 나이가 들어도 스타일이 좋고 아름다울까?

리드 카피

"난 먹어도 살찌지 않아요~."라고 말하는 사람
당신 주위에도 한 명은 있죠?
왜 그 사람은 한결같을까요?
왜 점점 더 예뻐지는 걸까요?

부동산 물건 모집 사례

매매 또는 중개 물건을 구하는 부동산 회사의 광고 예시다. '매물 구함'이나 '파실 분/사실 분 상담 환영' '전·월세 매물 접수'와 같은 글씨가 크게 쓰인 전단지를 떠올려 보자.

신문 삽지용 전단지라면, 캐치 카피는 칵테일 파티 효과를 노린 표현으로 타깃을 사로잡는 것이 좋다. 그리고 리드 카피에는 궁금증을 유발하는 실패자와 성공자의 경험담을 넣는다.

캐치 카피

부동산 매매에 관심 있는 ○○동 주민 여러분께 중요한 소식

리드 카피

6개월을 기다려도 세입자가 나타나지 않아 월세를 내리는 건물주
단 3개월 만에 원하는 가격으로 공실을 메우는 데 성공한 건물주
뭐가 다르길래?

이 리드 카피처럼 실패자와 성공자를 비교하면서 궁금증을 유발하는 카피는 스토리성이 높아 매우 효과적이므로 기억해 둬야 할 표현법이다.

리드 카피의 내용 ③
매력적인 오퍼

제16장에서 상세히 설명하겠지만, 오퍼란 '고객과 약속하는 매력적인 거래 조건'을 말한다. 다음 조건 중 하나에 해당한다면 리드 카피에 오퍼를 자세히 언급하는 것도 효과적이다.

조건 1 또는 조건 2에 해당한다면 리드 카피에 오퍼를 자세히 언급한다

조건 1 A형 또는 B형 타깃이 목표인 광고에서 매력적인 오퍼가 있다.

조건 2 무료나 저렴한 가격의 이벤트 상품으로 고객을 확보하려 한다.

조건1 의 사례

요산 수치가 신경 쓰이는 고객을 위한 건강보조제를 판매하는 광고다. B형 타깃이 목표로, 요산 수치가 걱정인데 어떤 건강보조제가 좋은지 비교 검토 중인 고객이다. 별로 유명하지 않은 상품이라 '30일분 무료 이벤트'라는 오퍼를 시작했다.

캐치 카피

어떤 요산 수치 보조제를 써도 만족하지 못했던 분이 선택한 제품

리드 카피

제품의 효과를 알리기 위한 이벤트 실시 중
30일분(39,800원)을 무료로 제공합니다

조건2 의 사례

세무사를 전문으로 하는 경영 컨설턴트의 광고를 예로 들어 살펴보자. 이 컨설턴트는 월 상담료를 인상하는 요금 플랜을 만드는 노하우가 있다. 이 노하우로 지금까지 몇몇 세무사 사무소에서 실적을 인정받았다.

하지만 이런 노하우는 많이 알려지지 않았기 때문에 C형 타깃을 목표로 삼았다. 그리고 당시 많은 세무사가 주목하고 있던 마이넘버(일본이 2016년에 시행한 제도. 우리나라의 주민등록번호와 비슷한 개념이다.—옮긴이)에 관해 배울 수 있는 책자를 무료로 제공하는 이벤트를 실시했다.

캐치 카피와 리드 카피는 다음과 같다. C형 타깃이 목표라도 매력적인 오퍼를 무기로 고객을 모을 계획이라면 리드 카피에 언급해도 된다.

캐치 카피

월 상담료를 2배로 올리는 방법을 알려드립니다

리드 카피

지금 이벤트 실시 중
'마이넘버' 교육 책자를 무료로 제공합니다

오퍼의 이유와 가치를 언급

리드 카피에서 매력적인 오퍼를 언급할 때는 '오퍼의 이유와 가치'를 명확히 전달하는 것이 중요하다. 다음 카피 중 어느 쪽이 더 매력적인가?

리드 카피 1

30일분을 무료로 제공합니다

리드 카피 2

제품의 효과를 알리기 위한 이벤트 실시 중,
30일분(39,800원)을 무료로 제공합니다

아마 두 번째를 매력적으로 느끼는 사람이 더 많을 것이다. 오퍼의 내용은 같지만 이유와 가치를 언급하면 반응도 높아지므로 반드시 기억해서 활용하자.

가능한 한 빨리 취했으면
좋겠어요….

해롱해롱하고 싶은 날도
있는 거지 뭐.

리드 카피 발상법

여기까지 리드 카피 쓰기에 대해 상세히 살펴봤다. 그럼에도 여전히 잘 써지지 않아 고민이라면 다음의 3단계를 기억하자.

리드 카피 발상법

STEP ① 여러분은 사람이 많은 번화가에서 큰 소리로 외치고 있다.

STEP ② 첫 번째 말(캐치 카피)로 3미터 떨어진 타깃이 뒤돌아봤다.

STEP ③ '다음 말'을 외쳤더니 그들은 여러분에게 다가왔다.

여기서 '다음 말'에 해당하는 것이 바로 리드 카피다. 승부는 단 몇 초 안에 끝난다. 캐치 카피로 뒤돌아본 타깃이 설레며 여러분께 다가올 수 있게 만드는 흥미로운 말을 생각하자.

광고 문장은 3가지 파트로 구성된다 ⋯⋯⋯⋯⋯⋯⋯⋯⋯⋯⋯

- 캐치 카피, 리드 카피, 보디 카피로 구성

- 리드 카피는 캐치 카피 다음에 오는 문장

- 리드 카피는 캐치 카피를 읽은 후 바로 읽을 수 있는 곳에 배치

캐치 카피로 주의를 끌고, 리드 카피로 광고 본문으로 인도한다 ⋯⋯

- 캐치 카피에 관심을 보인 사람은 기본적으로 다음에 어떤 내용이 있을지 궁금
  한 상태다.

- 리드 카피의 역할은 이런 궁금증을 최대치로 끌어올리는 것이다.

- 실패하면 읽는 사람 대부분을 잃는다.

- 리드 카피는 광고 문장에서 두 번째로 중요하다.

- 캐치 카피와 한 세트로 생각하자.

리드 카피에서 언급해야 할 내용 3가지 ⋯⋯⋯⋯⋯⋯⋯⋯⋯⋯

① 캐치 카피를 더욱 강화

② 궁금증 유발(자이가르닉 효과)

③ 매력적인 오퍼

※ 3가지 모두를 활용해도 OK

리드 카피 발상법 3단계 ⋯⋯⋯⋯⋯⋯⋯⋯⋯⋯⋯⋯⋯⋯⋯⋯

① 여러분은 사람이 많은 번화가에서 큰 소리로 외치고 있다.

② 첫 번째 말(캐치 카피)로 3미터 떨어진 타깃이 뒤돌아봤다.

③ '다음 말'을 외쳤더니 그들은 여러분에게 다가왔다.

제13장

고객을 홀리는
보디 카피 쓰는 법

'믿지 않는다' '행동하지 않는다' 극복하기

다음은 1900년대 초반에 활약한 광고계의 거물 맥스웰 색하임 (Maxwell Sackheim)이 주장한 3원칙이다.

맥스웰 색하임의 3원칙

고객은 광고를 (보고도)

① 읽지 않는다

② 믿지 않는다

③ 행동하지 않는다(사지 않는다)

일단은 무엇보다 '①읽지 않는다'를 극복하는 것이 중요하다. 읽지 않으면 ②도 ③도 없다. 소구, 캐치 카피, 리드 카피는 ①을 극복하기 위해 존재한다.

그러나 카피로 상품을 팔려면 ②와 ③도 반드시 돌파해야 한다. 멋진 캐치 카피와 리드 카피로 읽는 이의 주의를 끌었다고 해도, 그다음 카피에서 실패하면 모든 일이 수포로 돌아간다. 어떻게 하면 '②믿지 않는다' 와 '③행동하지 않는다'를 극복할 수 있을까? 답은 보디 카피에 달려 있다.

팔리는 보디 카피의
원리와 원칙

보디 카피란 캐치 카피와 리드 카피를 제외한 광고 문장을 말한다. 광고를 읽을지 말지는 캐치 카피와 리드 카피로 결정이 나지만, 보디 카피는 다른 의미로 굉장히 중요하다. 보디 카피가 나쁘면 고객에게 '사지 않을 이유'를 제공하기 때문이다. 고객이 광고를 끝까지 읽고 난 뒤 '그럼 안 살래.'라고 생각한다면 당연히 상품을 팔 수 없다. 이렇게 되지 않으려면 먼저 보디 카피의 본질을 이해해야 한다.

보디 카피의 목적

보디 카피의 목적은 읽는 사람의 '구매욕'을 키우는 것이다. 캐치 카피의 목적과 비교하면 서로 다른 역할을 하는 문장이 필요하다는 것을 알 수 있다.

캐치 카피와 보디 카피의 역할 차이

캐치 카피

목적 읽는 사람의 주목을 단숨에 끌어 궁금증 유발

기대 반응 '이게 뭐야?' '무슨 말이지?'

> **보디 카피**
> **목적** 읽는 사람의 구매욕 키우기
> **기대 반응** '그렇구나' '필요해' '갖고 싶어'

문장력은 필요 없다

매력적인 보디 카피를 쓰는 데 문장력은 필요 없다. 우리가 판매하는 것은 문장이 아니라 상품이기 때문이다. 완벽하고 문학적으로 아름다운 문장이 아니라 상품을 갖고 싶도록 만드는 문장이 필요한 것이다.

> 보디 카피에 필요한 것은 뛰어난
> '세일즈 토크'인 셈이에요.

보디 카피는 '설득'

'세일즈 토크'를 달리 표현하면 '설득술'이다. 즉 뛰어난 보디 카피는 곧 뛰어난 설득술이다. 설득술은 무엇을 어떤 순서로 말할 것인지가 중요하다. 팔리는 보디 카피를 쓰려면 뛰어난 구성이 필요하다는 의미다. 보디 카피를 쓰기 전에 먼저 '무엇을 어떤 순서로 말할 것인가?'를 정해야한다.

말하는 순서로 반응이 바뀐다

'사춘기 중학생에게 심부름을 부탁할 때'를 예시로 살펴보자. '무엇을 어떻게 말할 것인가?'의 중요성을 알 수 있다.

패턴 1

어머니) 근처 마트 가서 쌀 좀 사다 줘.
자녀) 뭐라고? 무거워서 싫어.
어머니) 다녀오면 거스름돈은 줄게.
자녀) 거스름돈이 얼마야?

패턴 2

어머니) 용돈 필요하지 않아?
자녀) 필요하지! 갑자기 왜?
어머니) 거스름돈 줄까 하고. 저녁에 쌀이 부족해서….
자녀) 심부름이구나. 근처 마트에서 사면 되지?

패턴 1은 흐름상 어머니와 자녀 간에 줄다리기가 계속 이어질 듯하다. 잘못하면 거스름돈이 적다며 심부름을 가지 않겠다고 할지도 모른다. 이 대화 사례는 '어머니의 명령'과 '자녀의 반발' 두 가지로만 이루어져 있다.

반면 패턴 2에는 교묘함이 숨겨져 있다. 처음에 베네핏을 언급해서 흥미를 유도한다. 다음으로 베네핏의 이유를 말하며 명령 없이 스스로 해야 할 일을 깨닫게 한다. 패턴 1과 2는 부탁 내용이 똑같은데도 패턴 1은 반발을 사고 패턴 2는 협력을 이끌 수 있다.

보디 카피는 '구성'이 생명

보디 카피를 써보라고 하면 많은 사람이 세부 표현부터 신경을 쓴다. 그러나 가장 중요한 것은 전체적인 구성이다. '무엇을 어떤 순서로 말할 것인가?'의 흐름이 올바르지 않으면 읽는 사람을 여러분이 의도하는 방향대로 이끌 수 없다.

지금까지 많은 분들로부터 '보디 카피가 어려워요.' '내용을 종잡을 수가 없어요.' '더 진도가 안 나가요.' 등과 같은 상담을 받았다. 이런 문제를 해결하려면 구성을 잘 짜야 한다. '무엇을 어떤 순서로 말할 것인가?'를 결정하지 않으면 좋은 보디 카피를 쓸 수 없다.

캐치 카피를 쓰기 전에 소구를 명확히 생각해야 하는 것과 마찬가지다. 팔리는 보디 카피는 팔리는 구성이 있어야 비로소 가능하다. 이것이 보디 카피의 원리와 원칙이다.

팔리는 보디 카피에
반드시 필요한 5가지 법칙

구성 만드는 법을 설명하기 전에 보디 카피를 쓸 때 가져야 할 마음가짐을 알아보자. 이 5가지 법칙을 지키지 않으면 읽는 사람을 움직이는 보디 카피를 쓸 수 없다.

법칙 1 '일 대 다수'가 아닌 '일 대 일' 의식하기

카피의 정독률을 높이려면 읽는 이에게 '이건 나를 위한 안내구나?'라는 생각을 갖게 만들어야 한다. 다시 말해 타깃을 구체적으로 좁히는 메시지가 필요하다.

100명도 아니고 30명도 아닌 눈앞에 있는 단 한 사람(페르소나)을 움직이겠다는 생각으로 카피를 쓰자. 모든 사람이 목표인 카피는 모든 사람들로부터 외면받는다. 반면에 단 한 사람에 집중해서 쓴 카피는 강한 공감을 일으켜 그 한 사람과 비슷한 다수를 움직인다.

법칙 2 '내'가 아닌 '당신'

보디 카피의 주인공은 판매자도, 상품도 아닌 '읽는 사람'인 고객이다. 고객은 판매자의 자랑에 흥미가 없다. 자신의 이익에 흥미가 있다.

'나는 이런 것도 할 수 있어요'가 아니라 '당신이 이렇게도 할 수 있어요'를 어필해야 한다. 따라서 '우리 상품'이 아니라 '당신에게 필요한 상품'을 이야기하는 것이 좋다. 보디 카피에 판매자가 주인공인 문장이 많으면 그냥 자랑에 지나지 않으니 주의하자.

법칙 3 하고 싶은 말은 하나로 압축

지금까지 수많은 카피를 첨삭해 왔지만, 대개는 '무엇을 말하고 싶은지'를 알 수 없는 카피다. 이처럼 카피를 보고도 무슨 내용인지 종잡을 수 없는 이유는 하고 싶은 말을 하나로 압축하지 못했기 때문이다.

한 광고에 여러 소구를 제시하려는 사람이 많다. 카피를 쓸 때는 전달하고자 하는 소구를 하나로 압축하자. 그 하나로 어떻게 고객의 마음이 움직일지 다양하게 생각해 보는 것이 중요하다. 알기 쉽고 설득력 높은 카피를 쓰고 싶다면 '1광고 1소구'는 매우 중요한 개념이다.

법칙 4 길다고 좋은 것은 아니다

카피를 쓰다 보면 문장이 많아진다. 여러분도 세로로 길게 만들어진 광고를 본 적이 많을 것이다. 그래서 '문장이 많으면 잘 팔린다'라는 인식을 갖고 있는 사람도 있는데 절대 아니다.

오히려 불필요한 문장은 스트레스를 조장한다. 가장 중요한 것은 구매에 필요한 정보 전달이다. 필요한 정보를 전달하기 위해 어쩔 수 없이 길어졌다면 괜찮지만, 일부러 길게 쓰려고 쓸데없는 정보를 넣는 것은 현명하지 못하다. 고객은 불필요한 말에 상대해 줄 시간이 없다.

법칙 5 　알리지 말고 깨닫게 하라

　보디 카피는 '세일즈 토크'이며 설득술이라고 앞서 설명했다. 그러나 상대를 논리로 이기려고 해서는 안 된다. 상대가 받아들이지도 않는데 조목조목 따지며 알려줘서는 안 된다. 무엇보다 읽는 이를 깨닫게 하는 것이 중요하다.

　'왜 욕구가 충족되지 않는지' '그 원인은 무엇인지' '더 현명한 해결법은 없는지' 등의 물음에 상품의 필요성과 가치를 스스로 깨닫게 하는 것이다. 고객에게 변할 수 있는 기회를 제공한다는 생각으로 보디 카피를 쓰는 것이 좋다.

프로가 지키는
2가지 규칙

보디 카피의 구성은 종류가 다양하지만, 국내외의 사례를 연구한 결과 어떤 패턴이든 다음 2가지 규칙을 지키고 있음을 알 수 있었다.

프로가 반드시 지키는 보디 카피의 2가지 규칙

규칙 ① 궁금증을 유발하는 흐름

규칙 ② 구매욕을 키우는 흐름

현재 필자는 어떤 구성에 맞춰 보디 카피를 쓰지 않는다. 많은 경험을 바탕으로 적절한 구성을 자유자재로 만들 수 있기 때문이다.

다만 어떤 경우에도 위의 2가지 규칙은 지킨다. 만약 여러분이 경험 풍부한 카피라이터라면 이 2가지 규칙을 지키는 것만으로도 멋진 보디 카피를 쓸 수 있다. 하지만 아직 경험이 부족하고 자신이 없는 초보자라면 다음에 소개할 5단계에 따라 보디 카피를 쓰기 바란다.

보디 카피를 쓰는
5단계

지금까지 다양한 보디 카피의 법칙을 분석하고 적용해 보면서 모든 상품에 통용되는 구성을 발견했다. 이를 정리한 것이 보디 카피의 5단계다. 구체적으로는 다음 순서로 보디 카피 작성을 진행한다.

초보자에게 추천하는 보디 카피 작성 5단계

STEP ① 읽는 사람과의 공감

STEP ② 문제 제기와 해결 조건 제안

STEP ③ 구체적인 해결책 제안

STEP ④ 베네핏 소구

STEP ⑤ 클로징

이 5단계는 기본적으로 C형 타깃이 목표인 보디 카피지만, 내용을 이해한다면 A형과 B형 타깃에도 응용할 수 있다. 일단은 C형 타깃을 전제로 각 단계에서 무슨 말을 하면 좋은지 구체적으로 알아보자.

읽는 사람과의 공감

> 타깃의 고민, 욕구, 가치관에 공감하면서 '당신을 잘 이해하고 있어요'
> 라는 표현을 한다.

보디 카피의 첫 부분에는 '읽는 사람을 공감하는 카피'를 넣는다. 목
적은 라포르(rapport) 형성이다. 라포르는 심리학 용어로 '두 사람 사이의
신뢰 관계'를 나타내는 말이다.

라포르가 필요한 2가지 이유

왜 보디 카피의 첫 부분에 라포르를 형성해야 할까? 이유는 2가지다.
첫 번째 이유는 카피의 정독률을 높이기 때문이다. 첫 대면에서 인상이
좋지 않은 사람과는 길게 이야기하지 않는다. 이는 문장에서도 마찬가지
다. 카피는 어쩔 수 없이 길어지기 마련이다. 그러나 글이 길어질수록 읽
는 것 자체가 스트레스다. 처음에 라포르를 형성하면 이 스트레스를 줄이
는 효과가 있다.

두 번째 이유는 다음에 나올 메시지의 인상을 좌우하기 때문이다. 같
은 내용이라도 느낌이 좋은 사람에게 듣는 것과 그렇지 않은 사람에게 듣
는 것은 큰 차이가 있을 수밖에 없다.

완벽한 라포르를 추구하지 않는다

라포르는 대화를 통해 형성되기 때문에 문장만으로는 완전한 라포르
가 형성되지 않는다. 따라서 STEP ①에서는 '맞아요. 그렇군요' 정도의

반응을 이끄는 것이 목표다. 그러려면 타깃의 고민, 욕구, 가치관, 경험에 공감하면서 '당신을 잘 이해하고 있어요'라고 말하는 듯한 카피가 효과적이다.

주의할 점은 호감을 갖도록 해야 한다는 것이다. 읽는 이를 바보 취급하는 듯한 카피나 부정하는 카피를 쓰면 라포르를 구축할 수 없다. 그다음 내용은 궁금증을 유발하는 말로 매듭짓는다. 그 이유는 다음에 나올 STEP ②를 읽게 하기 위해서다.

STEP 2 문제 제기와 해결 조건 제안

> 읽는 사람이 안고 있는 고민의 근본 원인을 알리고, 그것을 해결하기 위한 유익한 정보를 제공한다.

STEP ②는 다음에 설명할 STEP ③를 위해 존재한다. STEP ③는 상품이나 서비스를 설명하는 부분인데, STEP ②는 읽는 사람이 그 상품이나 서비스가 최고의 선택지임을 스스로 깨닫도록 돕는 역할을 한다. 즉 STEP ②는 STEP ③의 카피를 읽은 뒤 '읽는 사람 스스로가 상품의 필요성에 눈뜨게 만드는 장치'인 셈이다.

필요한 반응은 '알려줘서 고마워요'

이런 반응을 얻으려면 읽는 사람에게 유익한 정보를 제공해야 한다. 타깃이 안고 있는 문제의 근본 원인을 알리고 그 문제를 현명하게 개선하려면 어떤 조건이 필요한지 알려주자. 이때는 '뭐라고? 무슨 말이에요?'라고 놀라거나 '그렇구나! 이제 알겠어!'와 같이 수긍할 수 있는 내용을 넣는다.

주의할 점은 상품에 관한 이야기를 하지 않는 것이다. 그리고 STEP ①과 마찬가지로 다음 내용에 궁금증을 유발하는 말로 매듭짓는다. 그 이유는 다음의 STEP ③를 읽게 하기 위해서다.

STEP 3 　구체적인 해결책 제안

> **여러분의 상품이 최고의 해결책임을 증명한다.**

이 단계에서는 상품에 관해 이야기한다. 단순히 상품을 판매하려고 해서는 안 된다. STEP ②에서 제시한 해결 조건을 충족하는 것은 물론이고 여러분의 상품이 최고의 선택지임을 증명해야 한다. 베네핏을 이끄는 상품의 특징이나 메리트, 가치를 설득력 있게 전달하자. 다른 고객의 목소리나 추천, 실적, 사례 등 객관적인 증거가 있다면 더 효과적이다.

또한 STEP ②에서 실패하면 STEP ③는 성공할 수 없다는 사실을 알아야 한다. STEP ③에서 소개하는 상품을 본 사람이 "이거야말로 내가 원하던 상품이야!"를 스스로 깨닫게 만드는 것은 STEP ②이다.

다이어트 보조제 예시

다이어트 보조제를 예로 들어 STEP ②와 ③의 문장을 작성해 봤다. 각 단계의 역할과 관련성에 주목하면서 읽어보자.

STEP ② 문제 제기와 해결 조건 제안

당신이 살이 쉽게 찌고 잘 빠지지 않는 것은 채소 섭취가 부족해서일지 모릅니다. 식사 직전 채소류를 많이 먹으면, 식이 섬유가 필터 역할을 해서 당분 흡수를 막아 다이어트에 효과적이라고 합니다.

STEP ③ 구체적인 해결책 제안

그러나 많고 다양한 채소류를 매번 먹기는 어렵습니다. 요즘에는 외식도 잦고, 채소 가격도 비싸기 때문에 이 ○○보조제를 추천합니다. 식사 전에 20mg만 먹으면 양배추 1개분의 식이 섬유를 섭취한 것과 같습니다.

STEP ③의 구성 요소 예시

- 상품의 특징이나 메리트, 가치, 비교 우위 등을 언급

- 고객의 후기나 감상문을 게재

- 권위자의 추천문 게재

베네핏 소구

> 많은 베네핏을 매력적으로 전달한다.

이번 단계에서는 베네핏을 매력적으로 표현한다. 베네핏을 알 수 없는 카피는 판매할 생각이 없는 카피와 다름없다.

'그렇다면? 질문법'을 구사해 캐치 카피나 리드 카피에서 전달하지 못한 베네핏을 모두 전달하자. 이때 주의할 점은 아래 2가지다.

STEP ④의 주의점 2가지

1) 베네핏은 구체적으로 표현한다.

연봉 상승 → 연봉 1,000만 원 상승

2) 베네핏이 가능한 이유도 동시에 언급한다.

연봉 1,000만 원 상승 →
희망하는 외국계 회사로 이직해서 연봉 1,000만 원 상승

단 하나의 베네핏이 사람의 마음을 움직인다

평소에 모르는 잡지인데 서점 가판대 앞에서 선 채로 읽어본 적이 있는지 모르겠다. 아마 표지에 적힌 정보 하나가 눈에 떠서 그 잡지를 집어 들었을 것이다.

이 상황처럼 여러 베네핏 중 딱 하나에 꽂혀서 반응하는 고객도 있다. 따라서 베네핏은 가능한 한 많이 전달하는 것이 좋다. 베네핏이 많을 때

는 다음과 같은 형식으로 표현하면 읽기 편하다.

이 속독법을 마스터하면…

- 출퇴근 시간만으로 매월 10권 이상 읽을 수 있다.

- 동체 시력이 좋아져 140km 배팅볼도 칠 수 있다.

- 두뇌 회전이 빨라져 집중력이 좋아진다.

- 정보처리능력이 향상되어 업무능력이 좋아진다.

- 자격이나 기능시험 공부가 즐거워진다.

- 지식이나 기술을 단시간에 기억할 수 있다.

STEP 5 클로징

> 지금 바로 반응하게 하자.

STEP ⑤는 맥스웰 색하임의 3원칙 중 하나인 '광고를 보고도 행동하지 않는다'를 극복하기 위해 존재한다.

클로징은 고객과의 거래를 성립시키는 부분이므로 매우 중요한 단계다. STEP ⑤에서 실패하면 STEP ④까지 아무리 좋았어도 구매로 이어지지 않는다. '다음에 사지 뭐!'라고 생각하고 광고에서 이탈해 버린다. 한번이탈한 고객은 대부분 구매로 이어지지 않거나 다른 상품을 구매한다. 클로징을 성공시키려면 다음의 3가지가 필요하다.

> **클로징 성공을 위한 3가지 포인트**
>
> **1)** 지금 바로 구매해야 하는 이유
>
> **2)** 리스크 불식
>
> **3)** 가격 정당성

1) 지금 바로 구매해야 하는 이유

'○월 ○일까지 구매하는 분께 ○원 할인' '선착순 ○명 한정 ○○ 지급' 등 지금 바로 구매하지 않으면 손해라는 식의 오퍼가 효과적이다.

2) 리스크 불식

'보증' '환불' '테스트 기간' 등 구매 후 후회나 리스크를 불식시키는 오퍼가 효과적이다.

3) 가격 정당성

예를 들어 가격이 낮은 상품도 가성비가 좋다는 식으로 어필한다. 단순히 싸다고 말하기보다는, 가격이 높은 상품을 저렴하게 산다는 인식을 주자.

그전 단계까지 잘해놓고 클로징에서 실패하는 사례가 많다. 고객은 등을 떠밀지 않으면 움직이지 않는다. 마지막까지 긴장을 늦추지 말자.

'구매욕이 낮은 고객' C형 타깃의
보디 카피 예시

보디 카피 5단계 구성을 활용한 예시를 살펴보자. 상품은 '구매 버튼 클릭을 유도하는 캐치 카피 강좌'이며 목표는 C형 타깃이다. 즉 홈페이지 문의를 늘리고 싶지만 캐치 카피의 역할을 잘 모르는 고객이 대상이다.

캐치 카피

1년간 반응이 전무했던 홈페이지에서 매일 2~3건의 문의가 들어오게 된 이유

리드 카피

무슨 짓을 해도 반응이 없는 홈페이지와 매일 문의가 들어오는 홈페이지
이 둘의 차이점은?

STEP ① 읽는 사람과의 공감

'애써 홈페이지를 만들었는데 반응이 없네. 검색 광고도 하고 경쟁사 홈페이지도 참고하는데…. 왜 그럴까?' 여러분도 이런 경험이 있지 않나요? 이상하죠? 고객이 만족하는 서비스를 제공하고 있고 경쟁사보다 자신도 있는데 왜 문의가 없을까요?

STEP ② 문제 제기와 해결 조건 제안

상품 페이지의 첫 문장 두세 줄 때문에 고객의 90%가 빠져나가고 있는 것은 아닐까요? 고객들은 애써 만든 홈페이지의 극히 일부만 봅니다. 고객은 첫 몇 줄(캐치 카피)로 계속 읽을지 말지를 결정하죠. 시간으로 따지면 겨우 몇 초에 지나지 않아

요. 광고를 읽지 않으면 아무리 상품이 좋아도 팔리지 않습니다. 그런데 단번에 읽는 사람의 관심을 사로잡을 수 있는 캐치 카피가 있다면 어떨까요? 여러분의 서비스가 왜 좋은지 확실히 어필할 수 있어 상품 문의도 확 늘어날 것입니다.

STEP ③ 구체적인 해결책 제안

하지만 '캐치 카피 쓰는 법을 모르는 분' '글쓰기가 약한 분'도 있을 겁니다. 이제 안심하세요. '구매 버튼 클릭을 유도하는 캐치 카피 강좌'는 이미 500명 이상이 성공적인 결과를 경험하고 있습니다. 1년 동안 반응이 없던 분도 단 3개월 만에 매일 2~3건의 문의를 받고 있어요.

　일단은 '팔리는 캐치 카피 작성법'을 3시간이면 습득할 수 있는 인터넷 동영상 강좌부터 신청해 보세요. 모르는 부분은 경험이 풍부한 카피라이터가 친절히 알려드리기 때문에 초보자도 괜찮습니다. 책이나 학원에서 배우는 것보다 빠르고 확실하게 여러분의 카피라이팅 기술을 높여드립니다. 게다가 캐치 카피 첨삭 지도는 횟수 제한 없이 받으실 수 있습니다. 여러분의 홈페이지가 뛰어난 마케터로 거듭나도록 철저히 지원하겠습니다.

※ 고객의 후기나 감상문 게재

STEP ④ 베네핏 소구

'팔리는 캐치 카피'를 쓸 수 있으면…

- 홈페이지 문의가 늘어 안정적인 고객 확보가 가능하다.

- 광고 비용 대비 효과가 상승해 비용을 절감할 수 있다.

- 전단지나 DM으로도 고객을 확보할 수 있어 판매 경로가 다양해진다.

- 블로그나 SNS의 팔로워 수가 늘어 고정 고객층이 생긴다.

- 고객 대응 능력과 프레젠테이션 효과도 높아진다.

STEP ⑤ 클로징

'구매 버튼 클릭을 유도하는 캐치 카피 강좌'의 수강료는 월 8,800원. 카피라이팅 책을 한 권 사는 것보다 저렴할 뿐만 아니라, 동영상 수업으로 경험이 풍부한 카피라이터의 각종 조언과 노하우를 무제한으로 받을 수 있습니다. 꼭 다른 카피라이팅 강좌와 비교해 보세요. 압도적인 가성비에 놀랄 겁니다. 소구 만들기부터 캐치 카피까지 모든 것을 한번에 알려주는 강좌는 결코 많지 않습니다. 정원 마감까지 남은 인원 58명. 신청을 서둘러 주세요.

장문은 싫어!

얼마 안 남았어. 힘내….

'검토 고객' B형 타깃의
보디 카피 예시

B형 타깃이 목표라도 5단계에 따라 보디 카피를 구성할 수 있다.

B형 타깃은 '뭘로 할까?' '어떡하지?'와 같이 고민하며 구매를 검토하는 고객이다. 따라서 STEP ①부터 STEP ⑤ 클로징까지 '차이점'을 일관적으로 어필하는 내용으로 채우는 것이 중요하다. 앞서 설명한 보디 카피의 5단계를 다시 살펴보자.

초보자에게 추천하는 보디 카피 작성 5단계

STEP ① 읽는 사람과의 공감

STEP ② 문제 제기와 해결 조건 제안

STEP ③ 구체적인 해결책 제안

STEP ④ 베네핏 소구

STEP ⑤ 클로징

이번에 예로 들 상품도 마찬가지로 '구매 버튼 클릭을 유도하는 캐치 카피 강좌'다. 다만 이번에는 B형 타깃이 목표다. 이들 고객은 홈페이지 반응을 늘리려면 캐치 카피가 중요하다는 사실을 인지하고 있고, 나름대로 관련 지식을 배우고 있다. 하지만 생각만큼 결과가 나오지 않아 전문가의 힘을 빌릴 생각을 하고 있는 중이다. 차별화된 '소구 만들기'와 '가성비'로 어필하는 보디 카피를 쓴다면 다음과 같다.

캐치 카피

왜 단 세 줄의 캐치 카피를 바꾸는 것만으로 1년 동안 반응이 전무했던 홈페이지에서 매일 2~3건의 문의가 들어오는 걸까?

리드 카피

이미 500명 이상이 이 방법으로 '팔리는 캐치 카피 쓰기'에 성공했습니다. 게다가 지금 3일간 무료 체험 이벤트 중.

STEP ① 읽는 사람과의 공감

여러분도 아시다시피 홈페이지에서 캐치 카피는 매우 중요합니다. 단 두세 줄의 캐치 카피로 홈페이지의 반응이 크게 좌우되기도 하니까 말이죠. 하지만 책이나 학원에서 배워서 실천해 봐도 생각만큼 결과가 나오지 않습니다. 표현법을 활용해 봐도 딱히 반응이 없어요. 도대체 뭐가 다른 걸까요? 여러분도 혹시 이런 고민에 빠져 있지 않은가요?

STEP ② 문제 제기와 해결 조건 제안

캐치 카피는 표현이 좋다고 해서 결과도 좋아지는 건 아닙니다. 고객은 멋진 문장이 아니라 멋진 제안을 바라기 때문이죠. 예를 들어 한여름에 뜨거운 어묵을 팔아야 한다면, 이때는 어묵의 맛을 아무리 잘 표현해도 팔리지 않습니다. 하지만 다이어트 중인 고객에게 '칼로리가 적고 맛도 좋은 한 끼'라고 제안하면 어떨까요? 여기에 관심을 보이는 사람이 반드시 있을 겁니다. 이처럼 캐치 카피를 쓰기 전에 '팔리는 제안 = 소구'를 철저히 구상할 필요가 있어요. '소구'에서 실패하면 아무리 효과적인 표현법을 사용해도 단순히 말장난에 지나지 않습니다.

STEP ③ 구체적인 해결책 제안

'소구는 어떻게 생각해 내는 거지?' '뭔가 어려울 것 같아' 하고 지레 겁먹을 필요는 없습니다. '구매 버튼 클릭을 유도하는 캐치 카피 강좌'를 신청하시면, 책이나 학원에서는 배울 수 없는 '팔리는 소구 만드는 법'과 그것을 매력적으로 표현하는

'캐치 카피 쓰는 법'을 알기 쉽게 배울 수 있어요. 기본 기술은 3시간 동영상 수업으로 익힐 수 있고, 모르는 부분은 경험 풍부한 카피라이터가 이해하실 때까지 친절하게 몇 번이고 알려드립니다. 게다가 캐치 카피 첨삭 지도는 횟수 무제한으로 이용하실 수 있습니다. 여러분의 홈페이지가 뛰어난 마케터로 거듭나도록 소구 만들기부터 철저하게 지원해 드립니다. 이미 500명 이상이 성공적인 성과를 올리고 있어요. 1년 동안 아무런 반응을 얻지 못했던 초보자분도 단 3개월 만에 매일 10건의 문의를 받고 있을 정도니 경험자인 여러분이라면 더 큰 효과를 거둘 수 있을 겁니다.

※ 고객의 후기나 감상문 게재

STEP ④ 베네핏 소구

팔리는 소구와 캐치 카피를 쓸 수 있으면…

- 홈페이지 문의가 늘어 안정적인 고객 확보가 가능하다.

- 광고 비용 대비 효과가 상승해 비용을 절감할 수 있다.

- 전단지나 DM으로도 고객을 확보할 수 있어 판매 경로가 다양해진다.

- 블로그나 SNS의 팔로워 수가 늘어 고정 고객층이 생긴다.

- 고객 대응 능력과 프레젠테이션 효과도 높아진다.

STEP ⑤ 클로징

'구매 버튼 클릭을 유도하는 캐치 카피 강좌'의 수강료는 월 8,800원. 카피라이팅 책을 한 권 사는 것보다 저렴할 뿐만 아니라 동영상 수업을 통해 경험이 풍부한 카피라이터의 서포트도 무제한으로 받을 수 있습니다. 반드시 다른 카피라이팅 강좌와 비교해 보세요. 압도적인 가성비에 놀랄 겁니다. 소구 만들기부터 캐치 카피까지 알려주는 강좌는 결코 많지 않습니다. 정원 마감까지 남은 인원 58명. 신청을 서둘러 주세요.

'구매욕이 높은 고객' A형 타깃의
보디 카피 예시

A형 타깃은 상품에 대한 구매욕이 높아 긴 문장을 쓰지 않아도 반응을 기대할 수 있다. 따라서 다른 타깃 유형에 비해 문장이 짧다.

STEP ①과 ② 생략

A형 타깃이 목표라면 STEP ①과 STEP ②는 생략해도 된다. STEP ①은 읽는 이와의 라포르를 구축하는 부분이다. A형 타깃은 이미 상품을 강하게 원하기 때문에 일부러 라포르를 구축할 필요가 없다.

STEP ②는 상품의 필요성을 깨닫게 하는 역할을 하는데, A형 타깃은 상품의 가치(필요성)를 잘 알고 있다. 이미 구매욕이 높으므로 애써 상품의 필요성을 알리려고 하지 않아도 된다. 대신 쓸데없는 카피를 최소화하는 것이 좋다. 구입에 필요한 정보를 간략히 전달하고 바로 신청으로 이어지게 하자.

[A형 타깃] 보디 카피, 초보자에게 추천하는 5단계

STEP ① 읽는 사람과의 공감

STEP ② 문제 제기와 해결 조건 제안

STEP ③ 구체적인 해결책 제안

STEP ④ 베네핏 소구

STEP ⑤ 클로징

여기서도 '구매 버튼 클릭을 유도하는 캐치 카피 강좌'를 예로 들어 설명하겠다. 이번에는 강좌 신청을 강하게 원하는 A형 타깃이 목표다. 이 강좌를 운영하는 회사에 충성도가 높은 고객에게 상품을 판매한다는 느낌으로 읽어보자.

캐치 카피
인기 절정 '구매 버튼 클릭을 유도하는 캐치 카피 강좌' 3일간 무료 체험 이벤트 중

리드 카피
이미 500명 이상이 이 방법으로 팔리는 캐치 카피 쓰기에 성공했습니다. 3일간 무료 체험 이벤트 마감까지 남은 인원 58명. 서두르세요!

STEP ③ 구체적인 해결책 제안
4월에 공개된 '구매 버튼 클릭을 유도하는 캐치 카피 강좌'. 이미 많은 분이 성공적인 결과를 경험하고 있습니다. 1년 동안 아무런 반응을 얻지 못했던 초보자도 단 3개월 만에 매일 10건의 문의를 받고 있습니다. 그 이유는 책이나 학원에서는 배울 수 없는 '팔리는 소구 만드는 법'과 그것을 매력적으로 표현하는 '캐치 카피 쓰는 법'을 쉽게 알려드리기 때문이죠. 기본 기술은 3시간 동영상 수업으로 익힐 수 있고, 모르는 부분은 경험이 풍부한 카피라이터가 친절히 몇 번이고 이해하실 때까지 알려드립니다. 게다가 캐치 카피 첨삭 지도는 횟수 무제한으로 이용하실 수 있습니다. 여러분의 홈페이지가 뛰어난 마케터로 거듭나도록 소구 만들기부터 철저하게 지원하겠습니다.

STEP ④ 베네핏 소구
'구매 버튼 클릭을 유도하는 캐치 카피 강좌'를 배우면…
- 홈페이지 문의가 늘어 안정적인 고객 확보가 가능하다.
- 광고 비용대비 효과가 상승해 비용을 절감할 수 있다.

- 전단지나 DM으로도 고객을 확보할 수 있어 판매 경로가 다양해진다.

- 블로그나 SNS의 팔로워 수가 늘어 고정 고객층이 생긴다.

- 고객 대응 능력과 프레젠테이션 효과도 높아진다.

STEP ⑤ 클로징

인기 절정인 '구매 버튼 클릭을 유도하는 캐치 카피 강좌'의 수강료는 월 8,800원. 카피라이팅 책을 한 권 사는 것보다 저렴할 뿐만 아니라 동영상 수업을 통해 경험이 풍부한 카피라이터의 각종 조언과 노하우를 무제한으로 받을 수 있습니다. 꼭 다른 카피라이팅 강좌와 비교해 보세요. 압도적인 가성비에 놀랄 겁니다. 소구 만들기부터 캐치 카피까지 알려주는 강좌는 결코 많지 않습니다. 정원 마감까지 남은 인원 58명. 신청을 서둘러 주세요.

잘도 자는군….

보디 카피를
빨리 쓰는 법

보디 카피를 단시간에 쓰는 방법을 알아보자. 보디 카피 쓰기에 익숙해지기까지는 다소 시간이 걸리지만, 다음 3단계를 활용하면 시간을 단축하면서도 좋은 보디 카피를 쓸 수 있다.

보디 카피를 빨리 쓰는 법

STEP ① 세세한 부분까지 신경 쓰지 말고 일단 써본다.

STEP ② 다 쓰고 나면 하루 동안 그냥 둔다.

STEP ③ 최종 확인

STEP 1 세세한 부분까지 신경 쓰지 말고 일단 써본다

쓰는 도중에 막혀서 좀처럼 진도가 나가지 않는다는 사람이 의외로 많다. 처음부터 지나치게 세세한 부분까지 신경 쓰기 때문이다.

좀 이상해도 괜찮으니 생각나는 대로 써보자. 오탈자나 표현에 연연하지 말고 일단은 끝까지 완성해 보는 것이다. 키보드의 'Delete'나 'Backspace'는 가능하면 누르지 않는다.

다 쓰고 나면 하루 동안 그냥 둔다

생각나는 대로 완성했다면 하루 동안 방치한다. 어느 정도 시간이 경과하면 냉정하게 판단할 수 있기 때문에 방치하는 동안에는 한 문장도 다시 봐서는 안 된다.

다음날 카피를 다시 살펴보며 오탈자나 표현을 수정한다. 조금이라도 불필요한 부분은 용기를 내서 삭제해야 한다.

카피를 쓴 후에 거치는 수정 및 편집 작업을 '브러시 업(brush up)'이라고 하는데 보디 카피를 쓸 때 매우 중요한 공정이다.

STEP 3 **최종 확인**

브러시 업이 끝나면 카피를 소리 내서 읽어본다. 잘 읽히는 부분과 막히는 부분을 체크해서 더 잘 읽히도록 다듬는다. 최종 확인을 할 때는 다른 사람에게 보여주는 방법도 매우 효과적이다.

최종 확인 단계의 체크 항목

- 5단계 절차에 따라 작성되었는가?
- 설득력이 있는가?
- 알기 쉬운가?
- 궁금증을 유발하는가?
- 오탈자가 없는가?
- 막힘없이 잘 읽히는가?

아직도 보디 카피가
어렵다면?

여기까지 설명을 듣고도 여전히 보디 카피가 어려운 사람도 있을 것이다. 그렇다면 '쓰기'에서 '말하기'로 작업 방식을 바꿔보자.

STEP 1 페르소나에 가까운 사진 준비

구글의 이미지 검색 등을 활용해서 페르소나에 가까운 타깃 사진을 찾은 뒤 출력해서 책상 앞에 붙여둔다.

STEP 2 사진을 향해 세일즈 토크

보디 카피의 5단계 구성에 따라 사진을 보며 세일즈 토크를 한다. 표현 등 세세한 부분은 신경 쓰지 말고 일단은 계속 이야기한다. 이때 녹음을 한다.

STEP 3 문장으로 옮긴 후 브러시 업

녹음된 세일즈 토크를 문장으로 옮긴다. 그리고 문장의 흐름, 오탈자, 표현 등을 다듬으면 완성이다.

보디 카피의 기본 지식 ···

- 보디 카피란 캐치 카피와 리드 카피를 제외한 광고 본문을 말한다.

- 보디 카피가 나쁘면 고객에게 '사지 않을 이유'를 제공하게 된다.

- 구성(무엇을 어떤 순서로 말할 것인가?)이 중요하다.

- 쓰기 전에 구성을 먼저 생각한다.

팔리는 보디 카피에 반드시 필요한 5가지 법칙 ·······················

법칙 ① '일 대 다수'가 아닌 '일 대 일' 의식하기

법칙 ② '내'가 아닌 '당신'

법칙 ③ 하고 싶은 말은 하나로 압축

법칙 ④ 길다고 좋은 게 아니다

법칙 ⑤ 알리지 말고 깨닫게 하라

보디 카피 작성 5단계 ··

STEP ① 읽는 사람과의 공감

STEP ② 문제 제기와 해결 조건 제안

STEP ③ 구체적인 해결책 제안

STEP ④ 베네핏 소구

STEP ⑤ 클로징

※ B형 타깃이 목표라면 차별성에 초점을 맞춰 쓴다.

※ A형 타깃이 목표라면 STEP ①과 ②는 생략해도 무관하다.

보디 카피를 빨리 쓰는 법 3단계

STEP ① 세세한 부분까지 신경 쓰지 말고 일단 써본다.

STEP ② 다 쓰고 나면 하루 동안 그냥 둔다.

STEP ③ 최종 확인

※ 작성 후 수정과 편집(브러시 업)이 중요하다.

최종 확인 단계의 체크 항목

- 5단계 절차에 따라 작성되었는가?

- 설득력이 있는가?

- 알기 쉬운가?

- 궁금증을 유발하는가?

- 오탈자가 없는가?

- 막힘없이 잘 읽히는가?

아무리 해도 잘 써지지 않을 때

STEP ① 페르소나에 가까운 사진 준비

STEP ② 사진을 향해 세일즈 토크

STEP ③ 녹음한 세일즈 토크를 문장으로 옮긴 후 브러시 업

경험이 적은 분은 5단계 구성을 계속 의식하면서 써보세요. 쓰면 쓸수록 설득에 필요한 흐름이나 리듬을 익힐 수 있을 거예요. 익숙해지면 구성을 의식하지 않아도 단시간에 설득력이 높은 보디 카피를 쓸 수 있답니다.

제14장

지금 바로 매출이 오르는 보디 카피 21가지 표현법

브러시 업 기술

이 장에서는 '설득력을 높이는 기술' '알기 쉽게 전달하는 기술' '계속 읽게 만드는 기술'을 소개한다. 제13장에서는 보디 카피 5단계 구성에 따라 보디 카피를 대략적으로 작성한 뒤 브러시 업으로 완성한다고 설명했다. 이번에 소개할 21가지 표현 기술은 다음 세 종류로 나뉜다.

판매력을 강화하는 보디 카피 21가지 표현 기술

- 설득력을 높이는 9가지 기술

- 알기 쉽게 전달하는 9가지 기술

- 계속 읽게 만드는 3가지 기술

이들은 모두 문장의 퀄리티를 높이기 위해 사용하는 브러시 업 기술이다. 차례대로 살펴보자.

설득력을 높이는 기술 ①
객관적인 사실 말하기

주관적인 메시지는 개인의 의견에 지나지 않는다. 이에 비해 객관적인 사실에 근거한 정보는 남들이 봐도 틀림없는 사실이다. 따라서 설득력을 높이고 싶다면 주관적 메시지보다 객관적 사실이 필요하다. 예를 들어 프로틴의 효과를 이야기할 때 주관적 메시지와 객관적 메시지는 다음과 같은 차이를 보인다.

주관적 메시지
근육을 키우고 싶다면 프로틴이 필요합니다

객관적 메시지
보디빌더는 프로틴을 먹습니다

설득력을 높이는 기술 ②
구체적으로 말하기

'캐치 카피' 편에서 구체화는 신빙성을 높여준다고 설명했다. 보디 카피에서도 구체적인 문장 표현은 설득력 향상에 도움을 준다. 다음 예시를 살펴보자.

구체적이지 않은 카피
메뉴에 '추천'이라고 표기했더니 그 상품이 팔리기 시작했습니다

구체적인 카피
메뉴에 '추천'이라고 표기했더니 그 상품이 3배 판매되었습니다

설득력 높은 문장에는 구체성이 필요하다. 숫자로 표현할 수 있는 말은 가능한 한 구체적인 숫자로 표현하자.

설득력을 높이는 기술 ③
읽는 이의 확신에 파고들기

최신 상품이나 서비스를 이야기할 때 효과적인 표현법이다. 지나치게 생소한 상품이나 서비스는 그 장점을 설명하기 어렵다. 사람들은 자신이 본 적 있고 들은 적 있는 것에 안심하기 때문이다. 잘 모르는 것에 대해서는 불안을 느낀다.

따라서 최신 상품이나 서비스를 설명할 때는 '읽는 이의 확신'에 파고드는 표현이 효과적이다. 읽는 이가 이미 경험한 적 있는 것, 읽는 이가 옳다고 생각하는 것에 집중하는 것이 효과적이다. 사람은 과거 경험에 근거해 좋고 나쁨을 판단하는데, 머릿속의 '확신'이라는 척도를 끄집어내어 스스로 판단하게 하는 것이다.

HMB 보충제 예시

예를 들어 헬스를 좋아하는 사람에게 'HMB 보충제'의 좋은 점을 설명한다고 생각해 보자. HMB는 근육을 만드는 단백질 합성을 촉진하고, 운동으로 근육이 분해되는 것을 막아준다고 알려진 헬스 보충제다. 지금은 많은 사람이 알고 있지만 판매 초기에는 생소한 상품이었다.

이런 상황에서 어떻게 해야 HMB 보충제의 장점을 전달할 수 있을까? 나쁜 카피와 좋은 카피의 사례를 비교해서 살펴보자.

> **나쁜 카피**
> 근육을 만드는 단백질 합성 촉진과
> 운동에 의한 근육 분해 방지를 돕는 HMB를
> 손쉽게 다량 섭취할 수 있는 헬스 보충제입니다

이 카피는 HMB를 잘 모르는 사람이 장단점을 판단하기 어렵다. 반면 헬스를 좋아하는 사람이라면 누구나 알고 있는 프로틴과 비교해서 카피를 써볼 수 있다.

> **좋은 카피**
> 근육을 만드는 단백질 합성 촉진과
> 운동에 의한 근육 분해 방지를 돕는 HMB,
> 이 보충제는 단 5알로 프로틴 20컵 분량의 HMB를 섭취할 수 있습니다

헬스인 대부분은 프로틴의 장점을 확신하고 있으므로 HMB 보충제의 장점이 무엇인지 알기 쉽게 표현한 카피다. 이처럼 새로운 상품이나 서비스의 장점을 알릴 때는 읽는 이의 확신을 자극할 수 있는 표현이 효과적이다.

설득력을 높이는 기술 ④
증거 보여주기

'백문이 불여일견'이라는 말이 있듯이 설득할 때는 증거를 보여주는 것도 효과적이다. 증거 하나가 잘 만든 백 마디 말보다 낫다.

가능하다면 결과, 실적, 비포&애프터, 사회적 증명, 권위 등의 증거를 준비해서 효과적으로 보여주자.

증거를 보여주는 카피 예시

구매 고객 1,500명 중 1,492명이 '매우 만족'

레슨 후 드라이브 비거리 평균 300야드 향상

유명 반려동물 훈련사 OOO이 인정한 반려견 행동 교정 프로그램

우리나라 미용실 10곳 중 9곳이 쓰는 그 샴푸

과외를 시작한 지 단 두 달 만에 영어 모의고사 성적 평균 3.5등급 → 2등급 상승

설득력을 높이는 기술 ⑤
장르가 다른 상품 비교

비교는 잘 알려진 세일즈 기술이다. 클로징에서 상품의 가치(가격)의 정당성을 보여주고 싶을 때 쓰기 좋은 표현법이다. 주목한 점은 직접적인 경쟁 상품이 아니라, 장르가 다른 상품을 비교 대상으로 삼아 상품 가치를 높이는 기술이라는 것이다.

다음은 클로징에서 가치(가격)의 정당성을 강조할 때 효과를 낼 수 있는 비교 대상 3가지다. 각각의 카피 예시를 통해 살펴보자.

설득력을 높이는 비교 대상 3가지

대상 1 다른 상품 장르와 비교

대상 2 베네핏의 가치(가질 수 있는 것)와 비교

대상 3 베네핏의 가치(절약할 수 있는 것)와 비교

대상1 다른 상품 장르와 비교

가장 간단한 방법은 다른 상품 장르와 비교하는 것이다. 예를 들어 고가의 뷰티 LED 마스크를 팔 때 비교 대상을 미용 전문 클리닉으로 두면 이렇게 표현할 수 있다.

> **카피 예시**
>
> 매월 미용 전문 클리닉에 다니면 연간 200만 원 가까이 듭니다.
> 하지만 이 뷰티 LED 마스크는 단 50만 원에 무제한으로 사용할 수 있습니다.
> 온 가족이 사용해도 추가 비용이 없지요.

대상 2 　베네핏의 가치(가질 수 있는 것)와 비교

병원에 새로운 의료기기를 판매할 때 원장에게 '이번 제품은 좀 비싸군요.'라는 말을 듣는다면? 검사 속도가 빨라진 의료기기를 판매하는 경우 다음과 같은 표현으로 대응할 수 있다.

> **카피 예시**
>
> 이 의료기기는 싸지 않습니다.
> 하지만 기존 제품보다 검사 속도가 3배 빠르기 때문에
> 지금보다 더 많은 환자를 볼 수 있죠.
> 따라서 진료 매출을 더 많이 올릴 수 있어요.

위 예시처럼 다른 상품과의 가격 비교가 아니라 상품에서 얻을 수 있는 경제적 베네핏을 비교하는 것이다.

대상 3 　베네핏의 가치(절약할 수 있는 것)와 비교

절약을 비교 대상으로 삼아 표현할 수도 있다.

> **카피 예시**
>
> 이 의료기기는 싸지 않습니다.
> 하지만 기존 제품보다 검사 속도가 3배 빠르기 때문에
> 검사 인건비를 절약할 수 있죠.

자동차를 할부로 판매할 때도 다음과 같이 쓸 수 있다.

> **카피 예시**
>
> 지금 월 대중교통비가 20만 원이군요.
> 이것보다 10만 원 싸게 이런 차를 살 수 있어요.
> 할부가 끝나면 매월 20만 원씩 저축도 할 수 있고요.

이 예시는 절약할 수 있는 베네핏과 가질 수 있는 베네핏 모두를 제시해서 가치의 정당성을 어필하고 있다.

설득력을 높이는 기술 ⑥
3가지 이유

'○○할 수 있는 3가지 이유'와 같은 카피를 본 적이 있을 것이다. 어쩌다 보니 이유가 세 개 나온 것이 아니다. 일부러 3가지로 맞춘 것이다. 3이라는 숫자가 설득력을 높여주기 때문이다.

'3'은 안정감을 주는 매직 넘버

우리는 '3'을 카메라 삼각대처럼 물리적 안정성이 확보되는 숫자로 인식한다. 이는 본능이다.

'삼위일체' '삼총사' '세계 3대 요리' '전국 3대 축제' '3대 욕구' 등과 같이 '3'은 일상생활에서 접할 기회가 많기 때문에 마음에 담기에도 쉬운 숫자다. 만약 뭔가 이유를 말해야 한다면 세 가지를 말하자. 세 가지를 꼽는 것이 무리가 있더라도 이렇게 하는 편이 설득력이 높다.

운동 후에 프로틴을 먹는 이유

이유 1 근육을 키우는 데는 단백질 섭취가 중요

이유 2 평소 식사로 섭취하는 단백질로는 부족

이유 1 근육을 키우는 데는 단백질 섭취가 중요

이유 2 평소 식사로 섭취하는 단백질로는 부족

이유 3 거의 모든 보디빌더가 프로틴을 섭취

실은 여자들에게 잘 보이려고 근육을 키워요.

왠지 귀여운데?

지나치게 많은 이유는 3가지로 정리

이유가 많다면 세 개로 맞추는 것도 효과적이다. 고객은 광고를 볼 때 별로 집중하지 않기 때문에 지나치게 많은 이유는 오히려 거부감을 준다. 다음 이유를 보고 삭제하거나 정리할 수 있는지 생각해 보자.

금연을 해야 하는 이유

이유 1 암 발병률이 높아진다.
이유 2 심장 질환 위험이 있다.
이유 3 뇌혈관 질환 위험이 있다.
이유 4 돈이 아깝다.
이유 5 간접 흡연 문제로 남에게 피해를 준다.

이유 1 암 발병률이 높아진다.
이유 2 돈이 아깝다.
이유 3 간접 흡연 문제로 남에게 피해를 준다.

설득력을 높이는 기술 ⑦
삼단논법

아래 문장을 읽어보자.

> 식이 섬유는 변비에 좋다.
> 우엉은 식이 섬유가 풍부하다.
> 따라서, 우엉은 변비에 좋다.

이는 삼단논법이라는 기술을 활용한 문장이다. 잘 사용하면 설득력을 높일 수 있다. 삼단논법의 구성은 다음과 같다.

삼단논법의 구성

1) A는 B(전체 내용 말하기)

2) C는 A(부분 내용 말하기)

3) 따라서, C는 B(결론 말하기)

삼단논법은 논리를 생각할 때 활용하면 좋지만, 문장으로 완성하면 읽기에 다소 투박한 문장이 된다. 따라서 카피를 쓸 때는 삼단논법으로 생각한 논리를 읽기 편하게 다듬을 필요가 있다. 예를 들어 다음과 같이 표현할 수 있다.

우엉은 변비에 좋은 식이 섬유를 다량 함유하고 있습니다.

식이 섬유 보충제와 우엉을 먹었더니 엄청났어요….

자이가르닉 효과를 살린 표현이군!

설득력을 높이는 기술 ⑧
문장 하나도 소중히

한 문장 안에 중복된 말이나 유사한 의미의 단어가 있다면 어느 한쪽을 다른 표현으로 바꾸자. 몇 단어만 수정해도 정보의 가치가 올라가 설득력이 높아진다. 극단적인 예시이긴 하지만, 다음 문장을 살펴보자.

> X 매출이 오르는 팔리는 블로그 제작법
> O 매출이 오르는 똑똑한 블로그 제작법

한두 단어만 바꿔도 카피가 전달하는 가치가 달라지는 것을 볼 수 있다.

설득력을 높이는 기술 ⑨
결점 역이용

어떤 상품도 결점은 있다. 일부러 결점을 언급하는 게 더 효과적일 때도 있다. 결점이 강점이 되는 경우다. 다음 카피 예시를 살펴보자.

예) 대게 반값 판매
홋카이도산 대게를 반값으로 판매합니다. 그 이유는 다리가 잘려서 상품성이 떨어졌기 때문입니다. 보기에는 좋지 않아도 맛은 변함없으니 안심하세요.

예) 전단지 제작 서비스
우리 회사의 전단지 제작 서비스는 저렴하지 않아요. 제작 기간도 한 달이나 걸리죠. 그 이유는 좋은 효과를 약속하기 때문입니다. 광고주께서 원하는 고객 반응을 달성하지 못하면 요금을 전액 환불해 드립니다.

위 카피는 결점을 솔직히 언급해서 오히려 가치가 높은 상품을 구매할 수 있다는 점을 전달하고 있다. 만약 결점에 정당한 이유가 있다면 솔직하게 말하는 것이 효과적일 수 있다. 이런 정직함은 신뢰로 이어지는 강력한 무기가 된다.

알기 쉽게 전달하는 기술 ①
구체화+알기 쉽게

광고는 멍한 상태에서 읽게 되는 경우가 많다. 아무리 지성이 높은 사람도 광고를 볼 때는 머리를 쓰지 않는다. 즉 어려운 말은 머리에 들어오지 않기 때문에 조금이라도 복잡한 내용이라면 곧바로 눈길을 돌린다.

타깃이 고학력의 전문직이라고 해도 알기 쉬운 표현이 효과적이다. 필자는 지금까지 치과의사나 수의사 등 전문직에 치료 기술을 판매하는 카피를 수차례 써왔지만, 이때도 알기 쉬운 표현에 반응이 더 좋았다.

피해야 할 말
- 찾아보지 않으면 알기 힘든 관용어구, 속담, 한자
- 외국어, 사투리
- 타깃 불명의 전문 용어

만약 어려운 말을 써야 하는 상황이라면 그 말을 가능한 한 구체화한 뒤 그 분야에 지식이 없어도 이해할 수 있도록 쉬운 말로 풀어서 표현하자.

일본 기업이 매년 일본연금기구에 제출하는 '산정 기초 서류'라는 문서를 구체적이고 알기 쉽게 표현하면 다음과 같다.

산정 기초 서류

구체화 ↓

매월 지불한 사회보험료나 향후 받을 수 있는 연금을 산정하기 위한 서류

알기 쉽게 ↓

매월 내는 사회보험료나 앞으로 받을 수 있는 연금을 계산할 때 실수하지 않기 위한 서류

알기 쉽게 전달하는 기술 ②
읽는 사람이 사용하는 말로 표현

앞에서 카피는 알기 쉬워야 한다고 했다. 하지만 타깃이 일상적으로 사용하는 전문 용어는 그대로 쓰는 것이 좋다. 예를 들면 다음과 같다.

타깃: 치과의사

위턱 / 아래턱 → 상악 / 하악, 가운데 앞니 → 유중절치

타깃: 바텐더

위스키 잔 → 글렌캐런, 개량컵 → 지거, 컵받침 → 코스터

타깃: 낚시

낚시꾼 → 조사, 낚싯대 던지기 → 캐스팅, 고기가 모여 있는 장소 → 포인트

전문적인 상품을 판매할 때 특히 중요한 부분이다. 업계 사정을 모르는 사람의 메시지는 신용할 수 없다. 이럴 때는 타깃이 어떤 전문 용어를 사용하는지 리서치를 해야 한다.

알기 쉽게 전달하는 기술 ③
한자어 줄이기

카피는 국어 시험이 아니다. 읽기 편한 문장을 만드는 것이 가장 중요하다. 그러려면 한자어를 가능한 한 줄여야 한다. 다음 두 문장을 비교해보자.

(1)
한자어 비율이 증가하면
문장 해석에 애로가 있다.

(2)
한자어가 많아지면
뜻을 알기가 어려워진다.

(2)가 읽기 쉽고 의미 전달도 자연스럽다. 필자도 카피를 작성할 때는 가능한 한 어려운 한자어는 사용하지 않으려고 노력한다. 다시 말하지만, 고객은 광고를 읽을 때 머리를 쓰려고 하지 않는다. 특별한 의도가 없다면 어려운 한자어는 되도록 삼가자.

알기 쉽게 전달하는 기술 ④
문장 끊기

다음 문장을 읽고 이해하기 쉬운 문장이 어느 쪽인지 생각해 보자.

(1)
세일즈 분야에서 활약하는 전문 카피라이터가 아직은 거의 없기 때문에 실력이 좋다면 일거리도 많고 보수도 높다.

(2)
세일즈 분야에서 활약하는 전문 카피라이터가 아직은 거의 없다. 실력이 좋다면 일거리도 많고 보수도 높다.

(2)가 읽기 편하고 이해하기 쉬울 것이다. 그 이유는 긴 한 문장을 끊어서 나눴기 때문이다.

(2)는 (1)의 문장을 두 개로 나눈 것이다. (1)과 같이 문장이 길면 읽기 불편할 뿐만 아니라 무엇을 말하고자 하는지 이해하기 힘들다. 길어서 읽기 힘들다면 문장을 여러 개로 나누는 것이 효과적이다.

알기 쉽게 전달하는 기술 ⑤
정보를 시각화하기

글로 설명이 어려울 때 표나 사진, 일러스트를 사용하면 효과적이다. 예를 들어 발바닥에는 수많은 혈이 있다. 각각의 혈이 신체 어디에 영향을 주는지 글만으로 설명할 수 있을까? 시간이 많이 들뿐더러 어렵기도 하다. 하지만 일러스트로 표현하면 간단명료하게 전달할 수 있다.

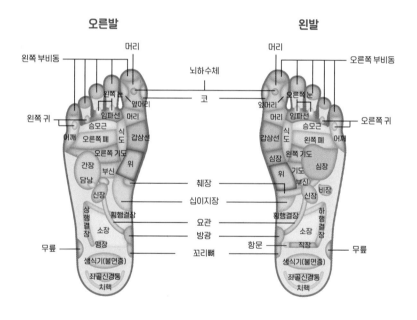

글만으로 모든 것을 해결하겠다는 자세는 현명하지 못하다. 세상에는 글로 전할 수 없는 것도 매우 많다. 설명이 어려워 고민이라면 표나 사진, 일러스트를 활용해 정보를 시각화하는 방법도 고려하자.

알기 쉽게 전달하는 기술 ⑥
이미지화

베네핏이나 특징, 메리트를 전달할 때 그 장면이 머릿속에 떠오를 수 있도록 오감을 자극하는 표현을 구사하자. 이미지화할 수 있는 표현이 매력적이며 기억에도 오래 남는다.

오감을 자극하지 않는 카피
여름철 헬멧은 너무 덥다.
하지만 냉방 헬멧이 있다면
머리가 시원하고 쾌적하다.

오감을 자극하는 카피
여름철 헬멧은 마치 사우나!
하지만 냉방 헬멧이 있다면
머리가 싸~하게 쾌적해진다.

이름… ○○○ (46세 남성)

가족관계… 독신(아버지와 함께 살았으나 어릴 때 돌아가심)

직업… 폐품 수거업(1인 기업)

직위… 사장

성격… 거칠어 보이지만 의외로 밝다. 남의 성공을 진심으로 기뻐한다.

관심사… 노화 방지(외모가 노안)

고민… 헬멧 속 땀으로 인한 탈모

그 외… 인터넷 잘 모름. 키보드 사용법도 서투름

안녕하세요.
냉방 헬멧 애용자
○○○입니다.

알기 쉽게 전달하는 기술 ⑦
항목 나눠 쓰기

특징이나 메리트, 베네핏, 이유 등이 여러 개라면 긴 문장이 아니라 각각을 항목으로 나눠서 전달하는 편이 훨씬 이해하기 쉽다.

긴 문장으로 표현한 카피
금연을 해야 하는 이유는 세 가지입니다. 첫 번째는 암이나 심장 질환 위험이 높습니다. 두 번째는 돈이 아깝습니다. 세 번째는 간접 흡연 문제로 남에게 피해를 줍니다.

개별 항목으로 표현한 카피
이유 1 암이나 심장 질환 위험이 있다.
이유 2 돈이 아깝다.
이유 3 간접흡연 문제로 남에게 피해를 준다.

개별 항목으로 나눌 때는 첫 번째 어구에 주의하자. 첫 어구가 똑같으면, 각기 다른 내용이라고 해도 얼핏 보면 똑같아 보이기 때문에 효과적이지 못하다. 즉 각각을 다르게 표현해야 정보의 가치가 상승한다.

첫 어구가 같은 경우

- 팔리는 카피란?

- 팔리는 캐치 카피 쓰는 법

- 팔리는 카피 5가지 예시

첫 어구가 다른 경우

- 팔리는 카피란?

- 실패하지 않는 캐치 카피 쓰는 법

- 히트 상품 만드는 카피 5가지 사례

알기 쉽게 전달하는 기술 ⑧
할인 표현에 주의하기

'○원 할인' '○% OFF'와 같이 할인율만 적어둔 광고를 자주 보는데 다소 아쉽다. 효과적인 판촉 포인트인 할인 행사를 진행할 때는 얼마나 가격이 내렸는지 알 수 있는 표현까지 해주는 것이 좋다. 고객 대부분은 할인 전의 가격을 모르기 때문에 구체적인 금액을 표기하는 것이 훨씬 효과적이다.

알기 쉬운 할인 표기 예시

- 30,000원 할인 → 30,000원 할인(정가 79,800원이 49,800원)

- 40% OFF → 40% OFF(정가 30,000원짜리가 단돈 18,000원)

- 2장 사면 1장이 무료 → 2장 사면 1장이 무료(12,000원 할인!)

알기 쉽게 전달하는 기술 ⑨
차트 사용하기

복잡한 설명을 쉽게 풀기 위한 표현 기술이다. 말로 설명한 후 차트를 보여주면 이해도가 깊어진다. 필자가 자주 사용하는 차트와 그 특징을 소개하겠다. 차트 양식은 이외에도 매우 다양하므로 설명하고 싶은 내용에 맞게 활용하자.

플로 차트(순서를 설명)

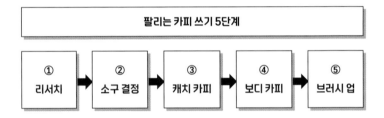

사이클 차트(반복되는 일을 설명)

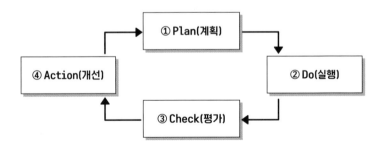

플로 인 차트(어떤 일이 성립되는 요인을 설명)

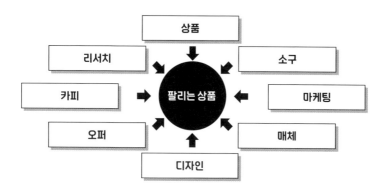

계속 읽게 만드는 기술 ①
리듬감 높이기

    술술 읽히는 카피는 리듬감이 중요하다. 문장의 리듬감을 높이는 방법은 두 가지다. 첫 번째는 '알기 쉽게 전달하는 기술'에서 설명한 바와 같이 문장을 짧게 만드는 방법이다. 두 번째 방법은 문장의 끝맺음을 다양하게 표현하는 것이다. 다음 카피를 살펴보자.

카피 1

카피라이팅에서 캐치 카피는 매우 중요합니다. 고객은 캐치 카피를 보고 그 광고를 읽을지 결정하기 때문입니다. 반응을 얻어내려면 단번에 고객의 주의를 끄는 캐치 카피가 필요합니다.

    각각의 문장은 짧은 편이지만 모두 '~다'로 끝맺고 있다. 같은 형태로 끝맺는 문장이 연속으로 나오면 단조롭고 억양이 없는 카피가 된다. 문장 끝을 다듬어서 리듬감을 살리자. 다음 예시는 각각 다른 형태로 문장을 끝맺었다. 다만 글이 길면 모든 문장을 다른 형태로 끝맺는 것이 사실상 불가능하다. 보통 2회 연속으로는 같은 형태로 끝맺어도 괜찮지만, 최대 3회 연속해서 동일한 형태로 문장을 끝맺지 않도록 주의하자.

리듬감을 높인 카피 1

카피라이팅에서 캐치 카피는 매우 중요하죠. 왜냐하면 고객은 캐치 카피를 보고 광고를 읽을지 결정하기 때문입니다. 반응을 얻어내려면 단번에 고객의 주의를 끄는 캐치 카피가 필요해요.

카피 2

창업할 때 정말 지옥 같은 나날을 보냈습니다. 매일 필사적으로 일했습니다. 주로 1건에 고작 50,000원도 안 되는 저렴한 일거리만 들어왔습니다. 미래가 걱정이었습니다.

리듬감을 높인 카피 2

창업할 때 정말 지옥 같은 나날을 보냈습니다. 매일 필사적으로 일했죠. 주로 1건에 고작 50,000원도 안 되는 저렴한 일거리만…. 미래가 걱정스러웠어요.

계속 읽게 만드는 기술 ②
소제목 사용하기

여기서 소제목이란 보디 카피 안에 있는 제목을 말하는데, 크게 두 가지 역할을 한다.

역할1 문장 압박감 감소
마케팅 카피는 문장이 많아지기 마련이다. 이때 소제목을 넣으면 적절하게 정돈된 느낌을 주고 긴 카피를 읽는 데 부담을 덜어준다.

역할2 읽는 사람의 주의 끌기
카피를 읽을 때 처음부터 꼼꼼히 읽지 않고 전체적으로만 훑어보는 사람도 많다. 소제목이 좋으면 대충 읽어도 정보의 가치가 전달되어 광고를 끝까지 읽게 만드는 효과가 있다. 소제목을 단순 요약이라고 생각하면 안 된다. 자이가르닉 효과를 활용해 궁금증을 유발하는 방법도 좋다. 소제목이 제2의 캐치 카피인 셈이다.

앞서 살펴본 '구매 버튼 클릭을 유도하는 캐치 카피 강좌'의 카피에 소제목을 붙이면 다음과 같다.

성과가 미약한 이유?

'애써 홈페이지를 만들었는데 반응이 없다. 검색 광고도 하고 경쟁사 홈페이지도 참고하는데 왜 그럴까?' 여러분도 이런 경험이 있지 않나요? 이상하죠? 고객이 만족하는 서비스를 제공하고 있고 경쟁사보다 자신도 있는데 왜 문의가 없을까요?

이유는 단 두세 줄의 문장

상품 페이지의 처음 문장 두세 줄 때문에 고객의 90%가 빠져나가고 있는 게 아닐까요? 고객들은 애써 만든 홈페이지의 극히 일부만 봅니다. 고객은 첫 몇 줄(캐치 카피)로 계속 읽을지 말지를 결정하죠. 시간으로 따지면 겨우 몇 초에 지나지 않아요. 광고를 읽지 않으면 아무리 상품이 좋아도 팔리지 않습니다. 그런데 단번에 읽는 사람의 관심을 사로잡을 수 있는 캐치 카피가 있다면 어떨까요? 여러분의 서비스가 왜 좋은지 확실히 어필할 수 있어 상품 문의도 늘 것입니다.

500명의 성공 비결

하지만 캐치 카피 쓰는 법을 모르는 분, 글쓰기가 약한 분도 있을 겁니다. 이제 안심하세요. '구매 버튼 클릭을 유도하는 캐치 카피 강좌'는 이미 500명 이상이 성공적인 결과를 경험하고 있습니다. 1년 동안 반응이 없던 분도 단 3개월 만에 매일 2~3건의 문의를 받고 있어요.

　일단은 팔리는 캐치 카피 작성법을 … (이하 생략)

계속 읽게 만드는 기술 ③
질문하기

다음 (1)과 (2)는 어떤 차이가 있을까?

> (1) 카피라이팅은 중요합니다.

> (2) 왜 카피라이팅이 중요할까요?

(1)은 일반적인 문장이지만, (2)는 다음 문장이 궁금해진다. 그 이유는 의문형이기 때문이다. 방금도 첫 문장에서 '다음 (1)과 (2)는 어떤 차이가 있을까?'라고 물었기 때문에 다음 내용까지 집중해서 읽게 되는 것이다. 이처럼 의문 표현은 궁금증을 유발하는 데 효과적이다. 다만 지나치게 자주 사용하면 읽기 힘들어진다. 전체적인 흐름에 방해가 되지 않는 수준에서 적절히 사용하자.

왜, 사람은 술을 마실까요?
술꾼에게는 적절한 카피구나.

주의할 점은, 21가지 표현 기술은
보디 카피를 쓰는 중에 활용하는 기술이 아닙니다.
보디 카피 5단계 구성에 따라 보디 카피를
다 작성한 뒤 브러시 업 단계에서 사용하는
기술이에요. 아래와 같이 브러시 업 체크리스트를
만들어두고 작업하면 편리하답니다.

설득력을 높이는 9가지 기술 ··

- 객관적인 사실을 말하고 있는가?

- 구체적으로 말하고 있는가?

- '읽는 이의 확신'에 파고들고 있는가?

- 증거를 보여주고 있는가?

- 상품 가치가 높아지는 비교를 하고 있는가?

- 이유는 3가지로 맞췄는가?

- 논리적인가?(삼단논법)

- 한 문장에 중복된 말이나 유사한 의미의 단어는 없는가?

- 결점을 역이용하고 있는가?

알기 쉽게 전달하는 9가지 기술 ···

- 어려운 말을 사용하고 있지 않은가?

- 읽는 사람이 사용하는 말로 표현하고 있는가?

- 한자어가 너무 많지 않은가?

- 한 문장이 너무 길지 않은가?

- 시각화가 가능한 정보는 없는가?

- 이미지로 떠올릴 수 있는가?

- 개별 항목으로 표현 가능한가?

- 할인 표현이 적절한가?

- 차트로 표현 가능한가?

계속 읽게 만드는 3가지 기술 ···

- 리듬감이 있는가?

- 궁금증을 유발하는 소제목인가?

- 적절히 질문하고 있는가?

제15장

사고 싶게 만드는 스토리텔링

스토리텔링이란?

'보디 카피' 편의 마지막 장에서는 스토리텔링을 다룬다. 스토리텔링은 잘 만들기만 하면 고객의 마음을 크게 움직일 수 있는 강력한 표현법이다.

> 특히 C형 타깃처럼 판매가 쉽지 않은 대상에 매우 효과적이에요.

앞서 제11장에서 스토리를 활용한 캐치 카피를 살펴봤다. 지금부터 설명하는 스토리텔링은 캐치 카피뿐만 아니라 보디 카피에도 스토리를 활용하는 방법이다. 카피의 시작부터 중반까지 하나의 스토리를 들려주며 상품을 소개하는 기법이라고 할 수 있다.

스토리가 효과적인
3가지 이유

왜 스토리는 효과적일까? 캐치 카피 편에서도 말했지만, 다음의 3가지로 정리할 수 있다.

이유1 스토리는 읽게 만든다

우리는 어릴 때부터 스토리를 따라가며 희로애락의 감정을 경험하고 삶의 방식을 배워왔다. 어른이 되어서도 소설이나 영화, 웹툰 등 재미있는 스토리를 찾아 돈을 지불한다.

인간은 기본적으로 스토리를 좋아한다. 그리고 이런 습성은 맥스웰 색하임이 주장한 '(광고를) 읽지 않는다'를 극복하는 데 분명 도움이 된다.

이유2 감정이입이 된다

인간의 행동은 감정에 좌우되는 경우가 많다. 이는 행동경제학이나 사회심리학 분야에서 실험을 통해 밝혀낸 사실이다. 인간은 감정에 의해 뭔가를 결정하고 논리로 그 결정을 정당화하는 습성을 갖고 있다. 따라서 카피도 무엇보다 먼저 읽는 사람의 감정을 사로잡아 행동하게 할 수 있어야 한다.

사람들의 감정을 사로잡는 것은 쉽지 않은 일이다. 하지만 스토리는 읽는 사람의 희로애락을 자극해 감정이입을 시키고 행동하게 할 수 있다.

이유 3 **기억에 남는다**

'부끄럽다'를 영어로 하면 뭘까? 원뿔의 부피를 구하는 공식은? 베트남의 수도는 어디일까? 우리는 이 질문에 대한 대답들을 학교에서 배웠지만, 지금은 시간이 지나 바로 기억이 나지 않을 것이다.

하지만 그보다 어릴 때 들은 이야기들은 지금이라도 당장 기억해 낼 수 있다. 정보량은 《콩쥐팥쥐》《선녀와 나무꾼》《심청전》 등의 '스토리'가 압도적으로 많다. 그러나 이 이야기들은 어렸을 때 딱 한 번 읽고 그 뒤 전혀 읽지 않았더라도 줄거리를 줄줄 외울 수 있다.

스토리는 기억하기 쉽다. 동서고금을 막론하고 오래된 가르침은 스토리로 전승된다는 사실만 봐도 그 강력함을 실감할 수 있다.

상품을 갖고 싶게 만드는
스토리의 3가지 조건

스토리텔링은 분명 효과적이다. 하지만 스토리라면 무엇이든 좋다는 의미는 아니다. 이 책에서 다루는 카피의 목적은 고객에게 상품을 판매하는 것이다. 따라서 상품을 갖고 싶게 만드는 스토리를 써야 한다. 좋은 스토리는 다음 3가지 조건을 충족해야 한다.

조건1 타깃이 공감할 수 있는 주인공

고객은 '나랑 비슷하구나.' '나보다 심하군.' '나도 저렇게 되고 싶어.' 라고 느낄 수 있는 주인공이 아니면 마지막까지 읽지 않는다. 당연히 감정이입도 힘들다. 스토리텔링에서 주인공을 설정할 때는 타깃이 공감할 수 있어야 한다는 점에 주의하자.

조건2 V자형 스토리 전개

주인공이 고난을 극복하고 성공을 쟁취하는 V자형 스토리가 효과적이다. 제11장에서도 살펴본 것처럼 V자형 스토리는 사람의 마음을 사로잡는 데 유리하다. 여러분이 좋아하는 드라마나 영화를 떠올려 보자. 대부분이 V자형 구성으로 되어 있음을 알 수 있다.

V자형 스토리는 사람의 마음을 사로잡는다

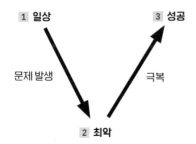

조건 3 　스토리와 판매가 자연스럽게 이어지는 구성

카피의 스토리는 기본적으로 판매와 연결되어야 한다. 스토리에서 판매로 이어지는 구성이 자연스럽지 못하면 고객은 광고에서 금세 이탈한다.

팔리는 스토리의 구성

고객의 마음을 사로잡는 스토리를 만들고 자연스럽게 판매로 이어지게 하려면 어떻게 해야 할까? 제13장에서 설명한 보디 카피의 5단계 작성법과 마찬가지로 스토리텔링도 작성 순서(구성)가 있다.

스토리텔링의 구성

① 캐치 카피(제11장)

② 리드 카피(제12장)

③ 일상에서 최악의 상황으로 ┐

④ 최악의 상황에서 경험한 일 │

⑤ 성공 쟁취 │ 본문(보디 카피)

⑥ 성공 비결 공개 │

⑦ 베네핏 │

⑧ 클로징 ┘

①캐치 카피와 ②리드 카피는 각각 제11장과 제12장에서 설명한 대로 실천하면 된다. 여기서는 ③~⑧에 관해 상세히 알아보자.

③ 일상에서 최악의 상황으로

① 캐치 카피(제11장)　　　⑤ 성공 쟁취

② 리드 카피(제12장)　　　⑥ 성공 비결 공개

③ 일상에서 최악의 상황으로　　　⑦ 베네핏

④ 최악의 상황에서 경험한 일　　　⑧ 클로징

V자형 도식에서 보면 1 일상에서 2 최악으로 향하는 내용

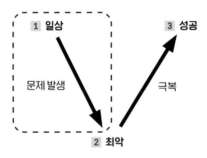

무엇을 어떤 순서로 이야기할 것인가는 다음의 3단계를 따른다.

> **'일상에서 최악의 상황으로' 3단계**
>
> **1단계** 일상
>
> **2단계** 최악의 상황에 빠진 계기
>
> **3단계** 최악의 상황 시작

다음은 필자가 예전에 썼던 카피를 재구성한 것이다. 이 스토리텔링 카피는 입시 학원을 대상으로 경영 컨설팅 상품을 판매하는 것이 목적이었다.

1단계 : 일상

1997년의 이야기입니다. 대기업이었던 손해보험회사에서 퇴직한 ○○○씨는 프랜차이즈 입시 학원을 개업하고 새로운 인생에 대한 기대감에 한껏 부풀어 있었습니다. 하지만….

2단계 : 최악의 상황에 빠진 계기

'자, 이제 시작이야!'하고 일을 막 추진하려는 단계에서 IMF 사태가 일어났습니다. 부모로부터 상속받은 건물이 넘어가기 직전이었고, 하루아침에 막대한 빚을 지게 되었죠.

3단계 : 최악의 상황 시작

'회사를 그만두는 게 아니었어' 하고 후회할 단계도 아니었습니다. 이미 입시 학원을 열었고 학생도 모집했기 때문이죠. 계속 앞으로 나아갈 수밖에 없는 상황이었어요.

'③일상에서 최악의 상황으로'에서는 긍정적인 일상에 관해 이야기한다. 그 이유는 2단계 이후 최악의 상황이 한결 더 선명해지고 감정이입을 하기가 쉬워지기 때문이다.

최악의 상황에 빠진 계기는 가능한 한 자세히 이야기하자. 생생한 표현은 고객을 스토리에 집중시키는 데 효과적이다.

④ 최악의 상황에서 경험한 일

V자형 도식에서 보면 <u>2</u> 최악을 자세히 이야기하는 부분

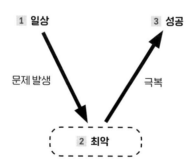

상황이 최악이었던 시절에 경험한 고난과 불행을 자세히 이야기하자. 포인트는 주인공을 철저하게 나락으로 빠뜨리는 것이다. 당시의 생생

한 경험은 고객의 감정이입을 돕는다. 상황이 안 좋으면 안 좋을수록 다음에 이야기할 성공이 빛을 발한다. 아래 예문을 살펴보자.

최악의 상황에서 경험한 일

'인생이 게임이라면 리셋하고 싶어….'라는 생각이 머릿속을 떠나지 않았습니다. 거리를 걷는 모든 사람들이 나보다 빛나 보였죠. 빚을 갚기 위한 삶을 살았어요. 아이 생일 선물을 살 돈조차 없었습니다.

더 비참한 일이 생겼습니다. 교실 하나로는 빚을 탕감하기 어려워 프랜차이즈 본사가 시키는 대로 교실 수를 한 개 더 늘렸습니다. 하지만 전단지를 10만 장이나 뿌려도 학생이 모이지 않았어요. 빚만 더 늘 뿐이었죠. "이젠 한계야!" 하고 외치며 몸도 마음도 지칠 대로 지친 OOO씨. 그런데 이런 그가 보란 듯이 성공할 줄 누가 상상이나 했을까요?

술을 진탕 마신 어느 날,
노래방 계단에서 넘어져
이마를 몇 바늘 꿰맸다….

실감 나는군.

⑤ 성공 쟁취

V자형 도식에서 보면 `3` 성공을 이야기하는 부분

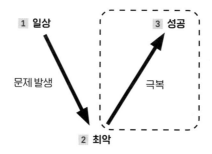

이 파트에서는 극적인 성공을 이야기한다. 성공한 과정이 아닌 성공한 결과를 이야기하는 것이 중요하다. 성공을 거두고 얻은 베네핏을 구체적으로 언급한다. 마지막에는 "왜 성공했을까요?"와 같은 식으로 끝맺자.
예문은 다음과 같다.

성공 쟁취

그는 지금도 빚을 갚느라 고단한 삶을 살고 있을까요? 답은 'NO'입니다.
빚은 모두 다 갚았죠. 그뿐 아니라 회사를 다닐 때보다 세 배나 많이 벌고
있어요. 학원 경영이 순조로워 이제는 학생들이 줄을 실 정도입니다.

오랫동안 꿈꿔왔던 교육 관련 책도 출판하게 되었습니다. 이미 열 권 이
상 출판했기 때문에 인세만으로도 최소한의 생계비를 충당할 수 있답니
다. 어떻게, 그는 절체절명의 상황을 극복하고 꿈을 이룰 수 있게 된 걸까
요?

최악과 성공의 간극이 크면 클수록 스토리에 대한 흡입력도 커진다.
스토리텔링은 성공한 이유를 상품과 연관 지어야 하는데, 최악과 성공의
간격 차이는 상품 가치를 뒷받침하는 역할도 한다. '⑤성공 쟁취' 단계에
서는 성공이 매력적으로 느껴질 수 있도록 결과나 베네핏을 구체적으로
이야기하자. V자형 스토리는 ③~⑤로 완결된다.

V자형 스토리는 ③~⑤로 완결

① 캐치 카피

② 리드 카피

③ **일상에서 최악의 상황으로**

④ **최악의 상황에서 경험한 일**

⑤ **성공 쟁취**

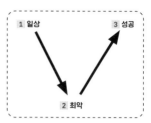

⑤까지는 상품을 언급하지 않는다

여기서 주의할 점이 있는데, ⑤가 끝날 때까지 상품을 언급해서는 안 된다. ①~⑤는 V자형 스토리를 활용해 감정이입을 유도하고 상품에 대한 흥미를 높이는 것이 목적이다. 관심을 충분히 고조시킨 뒤 ⑥부터는 '최악의 상황에서 성공을 쟁취한 이유'를 설명하면서 상품을 소개하자.

⑤와 ⑥이 자연스럽게 이어지려면?

① 캐치 카피

② 리드 카피

③ 일상에서 최악의 상황으로

④ 최악의 상황에서 경험한 일

⑤ **성공 쟁취**

⑥ **성공 비결 공개**

⑤는 마지막에 '왜(어떻게) 성공했을까요?'와 같은 뉘앙스로 끝맺는다.

⑦ 베네핏

⑧ 클로징

상품 소개는 ⑥부터 작성

① 캐치 카피

② 리드 카피

③ 일상에서 최악의 상황으로

④ 최악의 상황에서 경험한 일

⑤ 성공 쟁취

⑥ 성공 비결 공개

⑦ 베네핏

⑧ 클로징

⑥부터 '최악의 상황에서 성공을 쟁취한 이유'를 설명하면서 상품 소개를 시작한다.

⑥ 성공 비결 공개

---

① 캐치 카피(제11장)　　　　⑤ 성공 쟁취

② 리드 카피(제12장)　　　　⑥ 성공 비결 공개

③ 일상에서 최악의 상황으로　⑦ 베네핏

④ 최악의 상황에서 경험한 일　⑧ 클로징

여기서는 주인공이 성공한 이유를 상품과 연관 지어 소개한다. 다음과 같은 형식으로 문장을 구성하는 것이 좋다.

'성공 비결 공개' 3단계

1단계 성공한 이유는 이 상품을 사용했기 때문

2단계 상품이 효과적인 이유

3단계 다른 상품이나 방법보다 뛰어난 이유와 증거

각 단계를 생각하면서 다음 예문을 살펴보자.

1단계: 성공한 이유는 이 상품을 사용했기 때문

그가 성공한 것은 포지셔닝 전략을 학원 운영에 도입했기 때문입니다. 쉽게 설명하면 전문 분야를 특화해 다른 학원과의 차별화에 성공한 거죠. 그의 학원은 '수학 전문 학원'으로 모르는 사람이 없을 정도가 되었어요.

2단계: 상품이 효과적인 이유

입시 학원처럼 경쟁이 많은 비즈니스는 차별성을 내세우는 전략이 주효합니다. 차별점이 없는 소규모 학원은 가성비가 높고 실적도 우수한 대규모 학원을 이길 수 없어요. 다른 곳이 흉내 낼 수 없는 차별화 전략으로 그 분야의 최고가 되겠다는 목표를 세워야 합니다.

'수학은 저 학원이 최고야'라는 식으로 입소문을 타기 시작하면 수학을 잘하고 싶은 학생들이 자연스럽게 모이기 마련이에요.

3단계: 다른 상품이나 방법보다 뛰어난 이유와 증거

'차별성을 찾는 게 어려운 거잖아요!'라고 생각할지도 모르겠지만 안심하세요. 입시 학원 경영 노하우는 매우 다양합니다. ○○○씨가 실천한 방법은 자금과 인재 등의 자원이 한정되어 있는 소규모 학원이었기 때문에 도전할 수 있었습니다.

실제로 ○○○씨는 현재 입시 학원 컨설턴트로 활약하고 있으며 이미 300곳 넘는 학원이 이 입소문 전략으로 학생을 모으는 데 성공하고 있습니다.

(고객 후기 게재)

그가 다시 살아난 계기는 숙취에 좋은 해장국 덕분이었다….

상품과 연관 지어 소개하는구나!

⑦ 베네핏과
⑧ 클로징

카피의 마지막 부분인 베네핏과 클로징은 제13장에서 설명한 바 있다. 가능한 한 많은 베네핏을 매력적으로 어필한 후 바로 반응을 이끌 수 있는 형식으로 카피를 쓴다. 다음 예시를 살펴보자.

베네핏

다른 학원이 흉내 낼 수 없는 차별화에 성공하면?

- 더는 학생 모집에 고민하지 않는다.

- 입소문이나 소개로 학생 수가 늘고 전단지도 필요 없다.

- 원하던 학생이 스스로 찾아온다.

- 다른 학원에 학생을 빼앗길 걱정이 없다.

- 학습 애플리케이션이 유행해도 학생 수가 급감하지 않는다.

- 전문 분야에서 경쟁력을 갖추면 강연이나 출판 의뢰도 생긴다.

- 우수한 강사 고용이 수월해진다.

클로징

○○○씨의 컨설팅은 현재 선착순 30명까지 무료로 경험할 수 있어요. 컨설팅비가 보통 시간당 50만 원이니, 이번 기회는 놓치지 않는 게 좋겠죠?

컨설팅은 대면은 물론 온라인으로도 가능합니다. 무료 컨설팅을 받았다고 해서 정식 계약 의무가 생기는 것은 아니에요. 이미 8명이 예약되어 있습니다. 신청을 서둘러 주세요.

스토리텔링 ①~⑧ 정리

각 부분별로 살펴본 카피를 정리하면 아래와 같다. 시각적 효과를 높이기 위해 소제목을 넣었다. 본문은 지면 관계상 줄바꿈이 되어 있지 않지만, 실제로 작성할 때는 적절히 줄을 바꿔 문단을 나눠주자.

'이럴 수가!'

1997년의 이야기입니다. 대기업이었던 손해보험회사에서 퇴직한 ○○○씨는 프랜차이즈 입시 학원을 개업하고 새로운 인생에 대한 기대감에 한껏 부풀어 있었습니다. 하지만 '자, 이제 시작이야!' 하고 일을 막 추진하려는 단계에서 IMF 사태가 일어났습니다. 부모로부터 상속받은 건물이 넘어가기 직전이었고, 하루아침에 막대한 빚을 지게 되었죠. '회사를 그만두는 게 아니었어'라며 후회할 단계도 아니었습니다. 이미 입시 학원을 열었고 학생도 모집했으니까 말이죠. 계속 앞으로 나아갈 수밖에 없는 상황이었어요.

끝이 보이지 않는 빚더미

'인생이 게임이라면 리셋하고 싶어….'라는 생각이 머릿속을 떠나지 않았습니다. 거리를 걷는 모든 사람들이 나보다 빛나 보였죠. 빚을 갚기 위한 삶을 살았어요. 아이 생일 선물을 살 돈조차 없었습니다. 더 비참한 일이 생겼습니다. 교실 하나로는 빚을 탕감하기 어려워 프랜차이즈 본사가 시키는 대로 교실 수를 한 개 더 늘렸습니다. 하지만 전단지를 10만 장이나 뿌려도 학생이 모이지 않았어요. 빚만 더 늘 뿐이었죠. "이젠 한계야!" 하고 외치며 몸도 마음도 지칠 대로 지친 ○○○

씨. 그런데 이런 그가 보란듯이 성공할 줄 누가 상상이나 했을까요?

연수입 3배에 책 출판까지

그는 지금도 빚을 갚느라 고단한 삶을 살고 있을까요? 답은 'NO'입니다. 빚은 모두 다 갚았죠. 그뿐 아니라 회사를 다닐 때보다 세 배나 많이 벌고 있어요. 학원 경영이 순조로워 이제는 학생들이 줄을 설 정도입니다. 오랫동안 꿈꿔왔던 교육 관련 책도 출판하게 되었습니다. 이미 열 권 이상 출판했기 때문에 인세만으로도 최소한의 생계비를 충당할 수 있답니다. 어떻게, 그는 절체절명의 상황을 극복하고 꿈을 이룰 수 있게 된 걸까요?

지역에서 유명한 학원이 된 방법

그가 성공한 것은 포지셔닝 전략을 학원 운영에 도입했기 때문입니다. 쉽게 설명하면 전문 분야를 특화해 다른 학원과의 차별화에 성공한 거죠. 그의 학원은 '수학 전문 학원'으로 모르는 사람이 없을 정도가 되었어요.

입소문으로 학생 수가 계속 늘어나는 이유?

입시 학원처럼 경쟁이 많은 비즈니스는 차별성을 내세우는 전략이 주효합니다. 차별점이 없는 소규모 학원은 가성비가 높고 실적도 우수한 대규모 학원을 이길 수 없어요. 다른 곳이 흉내 낼 수 없는 차별화 전략으로 그 분야의 최고가 되겠다는 목표를 세워야 합니다. '수학은 저 학원이 최고야'라는 식으로 입소문을 타기 시작하면 수학을 잘하고 싶은 학생들이 자연스럽게 모이기 마련이에요.

소규모 학원 300곳 이상 실적 경험

'차별성을 찾는 게 어려운 거잖아요!'라고 생각할지도 모르겠지만 안심하세요. 입시 학원 경영 노하우는 매우 다양합니다. ○○○씨가 실천한 방법은 자금과 인재 등의 자원이 한정되어 있는 소규모 학원이었기 때문에 도전할 수 있었습니다.

실제로 ○○○씨는 현재 입시 학원 컨설턴트로 활약하고 있으며, 이미 300곳 넘는 학원이 이 입소문 전략으로 학생을 모으는 데 성공하고 있습니다.

┌───┐
│   │
│   │
│   │
│   ※ 고객 후기 게재   │
│   │
│   │
│   │
└───┘

이런 성공이 여러분을 기다리고 있습니다

다른 학원이 흉내 낼 수 없는 차별화에 성공하면?
- 더는 학생 모집에 고민하지 않는다.
- 입소문이나 소개로 학생수가 늘고 전단지도 필요 없다.
- 원하던 학생이 스스로 찾아온다.
- 다른 학원에 학생을 빼앗길 걱정이 없다.
- 학습 애플리케이션이 유행해도 학생 수가 급감하지 않는다.
- 전문 분야에서 경쟁력을 갖추면 강연이나 출판 의뢰도 생긴다.
- 우수한 강사 고용이 수월해진다.

선착순 30명 무료

○○○씨의 컨설팅은 현재 선착순 30명까지 무료로 경험할 수 있어요. 컨설팅비가 보통 시간당 50만 원이니 이번 기회는 놓치지 않는 게 좋겠죠? 컨설팅은 대면은 물론이고 온라인으로도 가능합니다. 무료 컨설팅을 받았다고 해서 정식 계약 의무가 생기는 것은 아니에요. 이미 8명이 예약되어 있습니다. 신청을 서둘러 주세요.

'상품 개발 뒷이야기'도
스토리텔링 중 하나

상품 개발까지 고단했던 과정을 이야기로 풀어내는 광고도 많다. 이는 상품의 가치를 높이는 스토리텔링 중 하나다. 225쪽의 보디 카피 작성 5단계에서 STEP ③에 상품 개발 뒷이야기를 넣을 수 있다.

'상품 개발 뒷이야기' 위치

STEP ① 읽는 이와의 공감

STEP ② 문제 제기와 해결 조건 제안

STEP ③ 구체적인 해결책 제안 ← **상품 개발 뒷이야기**

STEP ④ 베네핏 소구

STEP ⑤ 클로징

상품 개발 뒷이야기의 구성은 아래 3단계를 참고하자.

'상품 개발 뒷이야기' 쓰기 3단계

1단계 개발하게 된 계기(어떤 사명감을 갖고 있나?)

2단계 고난의 길(어떤 장벽을 극복하고 개발했나?)

3단계 성공(고난 끝에 드디어 완성하게 된 것이 이 상품이다!)

아래는 필자가 과거에 썼던 보디 크림 상품 개발의 뒷이야기다.

1단계: 개발하게 된 계기(어떤 사명감을 갖고 있나?)

'세상 모든 사람에게 아름다움을'이 모토인 우리는 할리우드 여배우를 비롯해 세계적으로 유명한 셀러브리티가 애용하는 에뮤 오일을 알게 되었습니다.

　사용해보니 피부 미용에 신경 쓰는 여성들에게는 더할 나위 없는 상품이었지만 한 가지, 피할 수 없는 문제가 있었죠. 바로 '냄새'였습니다. 밖에서 키우는 개에서 날 법한 냄새가 나서 얼굴에 바르는 건 무리였어요. 이래서는 고객분들이 만족할 수 없겠다는 생각이 들었습니다.

2단계: 고난의 길(어떤 장벽을 극복하고 개발했나?)

역한 냄새를 없애고 기분 좋은 향이 나게는 할 수 없을까?

좋은 향기를 내면서 보디 케어의 품질까지 높일 수는 없을까?

원가를 낮추면서 품질을 높일 수는 없을까?

직원 모두는 하나가 되어 이 문제를 해결하기 위해 머리를 짜냈습니다. 매일 샘플을 검증하고 개선하는 나날을 보냈죠. 하지만 뜻대로 되지 않아 눈물을 흘리는 날도 많았습니다.

3단계: 성공(고난 끝에 드디어 완성하게 된 것이 이 상품이다!)

'이 이상 개발 비용이 들면 중지'라는 사장의 엄포도 있었죠. 마지막이라는 심정으로 만든 78번째 샘플을 테스트했습니다. 그리고 마침내 누구나 좋아할 상쾌한 시트러스 계열의 향기가 나는 에뮤 오일 ○○을 완성했습니다.

W자형
스토리텔링

지금까지 설명한 스토리 구성은 V자형이지만, W자형 구성도 존재한다.

4 에서 **2** 보다 더 큰 실패를 겪는 게 포인트

1 일상

3 소소한 성공

5 대성공

2 최악

4 대실패

'**3** 소소한 성공'과 '**4** 대실패'가 V자형에는 없는 요소다. W자형 스토리 구성에서는 **4** 의 역할이 중요하다. '**2** 최악' 이상으로 절망적인 상황에 빠진 이야기를 구체적으로 서술하자. V자형과 W자형은 어느 쪽을 활용하든 반응의 차이는 크지 않기 때문에 스토리 소재에 따라 정하면 된다.

반응이 같다면 V자형이 짧아서 좋아~.

한결같군!

스토리텔링에서
가장 중요한 것

지금까지 스토리텔링 기술을 설명했는데, 반드시 지켜야 할 것이 있다. 바로 '거짓말하지 않기'다. 스토리텔링은 강력한 광고 수단이다. 이 때문에 없는 이야기를 만들어내는 사람도 있지만, 고객을 기만하는 행위이므로 절대 하면 안 되는 행동이다.

있는 그대로를 매력적으로 어필해 판매로 이어지게 하는 것이 스토리텔링의 기본이다. V자형 소재가 없다면 스토리텔링을 포기하고 일반적인 보디 카피로 승부하자.

V자형 소재가 있다면 스토리텔링을 반드시 활용해 주세요.

숙취를 멋지게 극복한 그는 카피라이터가 되기로 결심했다.

네 자서전이니?

스토리텔링이란? ···

– 캐치 카피뿐만 아니라 보디 카피에도 스토리를 활용하는 방법

– 스토리텔링의 효과는 강력하다.

– 구매욕이 낮은 타깃에게 특히 효과적이다.

효과가 높은 이유 3가지 ···

① 스토리는 읽게 만든다.

② 감정이입을 할 수 있다.

③ 기억에 남는다.

상품을 갖고 싶게 만드는 스토리 '3가지 조건' ·······························

① 타깃이 공감할 수 있는 주인공

② V자형 스토리 전개

③ 스토리와 판매가 자연스럽게 이어지는 구성

V자형 스토리텔링 ···

1 일상

3 성공

2 최악

팔리는 스토리의 구성

① 캐치 카피   ⑤ 성공 쟁취

② 리드 카피   ⑥ 성공 비결 공개

③ 일상에서 최악의 상황으로   ⑦ 베네핏

④ 최악의 상황에서 경험한 일   ⑧ 클로징

W자형 스토리텔링

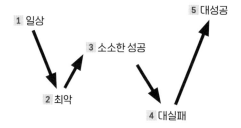

'상품 개발 뒷이야기' 구성

1단계 개발하게 된 계기(어떤 사명감을 갖고 있나?)

2단계 고난의 길(어떤 장벽을 극복하고 개발했나?)

3단계 성공(고난 끝에 드디어 완성하게 된 것이 이 상품이다!)

거짓말로 꾸며낸 스토리는 금지

- 있는 그대로를 매력적으로 어필하는 것이 스토리텔링의 원칙

- V자형 소재가 없다면 스토리텔링을 포기하고 일반적인 보디 카피로 승부한다.

제16장

단 한 마디로 반응 폭발!
팔리는 오퍼 쓰는 법

작은 피자 가게를 세계적인 기업으로 키운 오퍼

예전 미국에 작은 피자 체인점이 있었다. 어디에도 있을 법한 흔한 체인점이었다. 하지만 그 피자 체인점은 눈 깜짝할 사이에 전 세계 15,000개 점포를 개설한 거대 기업으로 성장했다. 바로 '도미노피자'가 그 주인공이다.

창업자 톰 모나한(Thomas Monaghan)이 도미노피자의 성장 스토리를 말할 때 반드시 언급하는 것이 '30분 이내에 뜨거운 피자가 도착하지 않으면 무료'라는 오퍼다.

이 약속은 당시 어떤 피자 가게도 해본 적 없는 오퍼였기 때문에 세상의 주목을 받았다. 배달 사고가 빈번히 발생한다는 이유로 큰 이슈를 남기고 사라졌지만, 지금도 많은 사람의 기억 속에 강렬하게 남아 있다.

> 강렬한 오퍼는 광고의 반응뿐만 아니라
> 비즈니스 자체를 크게 성장시키기도 하죠.

비슷한 사례로는 라이잡(일본의 PT 피트니스 센터)의 '효과가 없으면 전액 환불'이라는 오퍼가 있다. 지금까지 오퍼라는 말을 수없이 사용했는데, 이 장에서는 팔리는 오퍼 쓰는 법에 관해 상세히 살펴본다.

오퍼 완전히 이해하기

오퍼란 '고객과 약속하는 매력적인 거래 조건'을 의미한다. 상품의 가격이나 특전, 보증, 지원 등 오퍼의 종류는 다양하다.

오퍼의 예

- 포장 고객께는 조각 피자 2개 증정
- CD 구매 시 아이돌과의 팬 미팅 참가권 증정
- PC 구매 시 98,000원 상당 프린터 증정
- 24시간 이내 배송
- 만족하지 않을 시 이유 불문하고 전액 환불
- 30일간 무료 체험권 증정
- 양말 2족 구매 시 1족 증정
- 놀이동산 연간 이용권
- 월 8,000원으로 영화 무제한 시청

소구, 캐치 카피, 오퍼를 혼동하는 분이 많은데 간단히 정리하면 다음과 같다.

소구, 캐치 카피, 오퍼의 차이

소구

상품을 팔기 위한 제안. 캐치 카피나 보디 카피 등 모든 카피는 소구를 매력적으로 전달하기 위해 존재한다. '누구에게 무엇을 말할 것인가?'가 기본 구조다.

캐치 카피

소구를 매력적으로 표현한 짧은 문장. 목적은 고객의 주의를 단번에 끌어 궁금증을 유발하는 것이다.

오퍼

매력적인 거래 조건. A형이나 B형 타깃이 목표라면 소구나 캐치 카피에 오퍼를 넣는 경우도 있다.

오퍼는 매우 중요하다. 오퍼를 수정하는 것만으로도 광고의 반응이 눈에 띄게 바뀌기도 한다. 특히 A형이나 B형 타깃을 대상으로 소구를 생각할 때는 오퍼가 매우 중요한 요소다.

오퍼로 반응이 크게 변한 7가지 사례

오퍼는 자금 여유가 충분한 대기업만 활용할 수 있는 전략이 아니다. 예를 들어 필자가 경험한 중소기업 사례 중에 오퍼 변경으로 다음과 같은 차이를 확인할 수 있었다.

사례 1

반응이 없던 세미나 참가자 모집 광고에 '당일 취소 허용'을 추가하자 바로 참석자가 만석이 되었다.

사례 2

거의 팔리지 않던 자세 교정 치료기(1대 700만 원)에 '1주간 무료 체험' 오퍼를 추가하자 신청자가 급증했다.

사례 3

무료 시범 수업을 안내했으나 반응이 없었던 입시 학원 전단지에 '시범 수업비 5,000원' 오퍼를 추가하자 신청자가 쇄도했다.

사례 4

'골프 샤프트' 인터넷 판매 광고를 진행했다. 골프 샤프트는 피팅이 필요하기 때문에 애초에 인터넷으로 팔기가 쉽지 않은 상품이다. 그러나 '전문가의 샤프트 피팅 무료' 오퍼와 '구입 후 90일 이내라면 샤프트 피팅 무제한 무료 혜택'으로 가격 80만 원인 상품이 며칠 만에 품절되었다.

사례 5

구입 후 60일 이내 환불 가능한 세미나 교육 DVD를 환불 수수료 7,350원에서 0원으로 바꾸자 판매율이 두 배 증가했다.

사례 6

고객의 메일 주소 확보를 위한 설문 조사 웹페이지를 개설했다. 오퍼를 '메일 강좌 무료'에서 '동영상 세미나 무료 강좌'로 변경하자 설문 참가 건수가 급증했다.

사례 7

군만두를 인터넷으로 판매하면서, 구매자에게 '○월 ○일까지 추가 주문하면 1년간 배송료 무료' 오퍼로 재구매율이 크게 높아졌다.

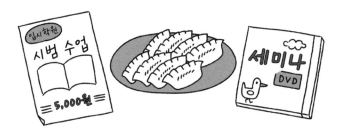

팔리는 오퍼의
6가지 유형

오퍼 작성 요령은 이미 존재하는 오퍼 아이디어를 활용하는 것이다. 절대 무에서 유를 창조하는 것이 아니다. 세상에 알려진 오퍼를 개선하고 새롭게 조합해서 오퍼를 만들어낸다. 먼저 팔리는 오퍼의 6가지 유형을 살펴보고 각각을 자세히 알아보자.

팔리는 오퍼의 6가지 유형
① 가격 오퍼
② 리스크 불식
③ 특전 오퍼
④ 무료 오퍼
⑤ 시간 단축 오퍼
⑥ 편리성 오퍼

① 가격 오퍼

쉽게 말하면 '할인'이다. 요금을 할인 캠페인이나 쿠폰 등과 같이 간단한 오퍼부터 '다른 곳보다 1원이라도 비싸면 그만큼 더 할인' '한 바구니에 5,000원, 담는 만큼 드려요' 등과 같이 아이디어를 보강한 오퍼도 있다.

② 리스크 불식

구입 후 예상되는 리스크나 불안을 불식해 주는 약속을 말한다. '만족하지 못하면 전액 환불'과 같이 환불 보증이 일반적이다. 해외 호텔의 '고객과 같은 국적의 스태프가 대응'과 같은 서비스도 리스크를 줄여주는 오퍼에 해당한다.

③ 특전 오퍼

고객이 기뻐할 증정품이나 선물을 끼워주는 오퍼다. 'PC 구입 시 프린터 증정' 등과 같은 오퍼부터 '2개 구입 시 할인권 증정'과 같은 아이디어를 보강한 오퍼도 있다. 포인트 카드도 특전 오퍼의 일종이다.

④ 무료 오퍼

유료를 무료로 제공하는 오퍼다. '유료 상품의 무료 체험' '무료 제공 후 마음에 들면 후불' '기간 한정 무료 제공' 등 매우 다양하다.

⑤ 시간 단축 오퍼

압도적으로 빠른 서비스를 약속하는 오퍼다. '새벽 배송'이나 '견적 30초' '24시간 이내 A/S' 등 다양한 오퍼가 있으며 긴급한 상황이 예상될 때 매우 효과적이다.

⑥ 편리성 오퍼

고객의 불편함을 판매자가 부담하는 오퍼다. '중고차 출장 점검'이나 '중고책 출장 매입' '보험 일괄 견적' 등 고객이 불편하다고 여기는 일을 판매자가 대신 처리하는 형식이다. '바비큐 용품 제공 가능 캠핑장'과 같이 고객에게 참신한 편리성을 제공하는 오퍼도 있다.

　세상에 알려진 오퍼 대부분은 위의 6가지 유형 중 하나에 속한다. 오퍼를 만들 때는 기본적으로 소재가 많을수록 좋다. 재미있다고 느낀 오퍼를 발견하면 메모해 두고 활용하자.

팔리는 오퍼의 혼합 유형

앞서 설명한 '팔리는 오퍼의 6가지 유형'을 조합해서 더욱 효과적인 오퍼를 만들 수도 있다.

혼합 유형 예시

- 30분 이내에 피자가 도착하지 않으면 무료
  (시간 단축 오퍼 + 리스크 불식)

- 통화료 3개월 무료! 게다가 iPad도 증정
  (무료 오퍼 + 특전 오퍼)

- 기간 한정 반값! 게다가 30일 동안 환불 보증
  (가격 오퍼 + 리스크 불식)

- 소요 시간 10분, 헤어 커트 9,000원
  (시간 단축 오퍼 + 가격 오퍼)

- 월 15,000원으로 모든 DVD가 무료! 자택까지 배송
  (가격 오퍼 + 편리성 오퍼)

오퍼를 정했다면 위 예시와 같이 다른 유형의 오퍼를 추가할 수 있는지도 생각해 보자. 혼합 유형을 활용하면 다른 곳에는 없는 강렬한 오퍼

를 만들 수 있다.

예를 들어 도미노피자의 '30분 이내에 피자가 도착하지 않으면 무료'는 '30분 이내 배송'만으로는 큰 효과를 거두지 못했을 것이다.

실패하는 오퍼의
5가지 유형

오퍼는 고객이 받는 혜택이 다가 아니다. 다음과 같은 오퍼는 실패할 가능성이 높으므로 주의하자.

실패하는 오퍼의 5가지 유형
① 경쟁 업체와 비슷한 오퍼
② 가격 경쟁 오퍼
③ 가치가 낮은 오퍼
④ 알기 어려운 오퍼
⑤ 진입 장벽이 높은 오퍼

① 경쟁 업체와 비슷한 오퍼

'경쟁사가 배송료 무료이니 우리도 배송료는 무료'라는 아이디어는 틀리기도 하고 맞기도 하다. 다른 회사의 정책을 최소한의 수준에서 맞출 필요는 있지만, 같은 아이디어로만 승부해서는 경쟁사를 뛰어넘을 수 없다. 고객에게 '이건 당연하잖아?'라는 생각을 심어줄 뿐이다. 고객을 확보하려면 기본적으로 다른 곳보다 뛰어난 오퍼가 필요하다.

② 가격 경쟁 오퍼

가격이 낮아도 이윤이 남는다면 유의미한 오퍼다. 하지만 더 낮은 가격의 상품이 나온다면? 서로 손해만 보는 가격 경쟁으로 치달을 수 있다. 따라서 현명한 전략이라고 볼 수 없다. 게다가 상품에 따라서는 가격을 내리면 고객에게 '품질이 문제가 있겠지.'라는 부정적인 인상을 주기도 하므로 주의해야 한다.

③ 가치가 낮은 오퍼

'견적 무료' '무료 상담' '무료 점검'과 같은 오퍼는 고객 입장에서 당연한 서비스라고 여겨질 가능성이 높아 아무런 가치도 느끼지 못한다. 또는 '기업 로고가 박힌 마우스패드를 증정'한다고 한들 고객 입장에서는 쓰레기가 늘어날 뿐이다. 오퍼는 고객이 가치를 느낄 수 있는 것이어야 한다.

④ 알기 어려운 오퍼

오퍼는 알기 쉬워야 한다. 곧바로 '오호! 이거 좋네.'라고 생각이 들 정도의 오퍼가 아니면 반응을 기대할 수 없다. '무슨 말이지?' '다시 설명해 줘요….'라는 반응을 보인다면 실패한 오퍼다.

⑤ 진입 장벽이 높은 오퍼

음식점이나 카페는 '도장 20개 찍으면 5,000원 할인'과 같은 포인트 카드 오퍼가 있다. 하지만 대부분은 지갑이 두꺼워지면 버리게 된다.

그런데 '도장이 이미 15개 찍힌 카드'를 준다면 어떨까? 가까운 시일 내에 다시 방문하고 싶어질 것이다. 진입 장벽이 높은 오퍼는 고객을 귀찮게 할 뿐이다.

성공하는 오퍼의
3가지 조건

실패하는 오퍼가 특징이 있는 것처럼, 성공하는 오퍼도 특징이 있다. 각각 살펴보자.

성공하는 오퍼의 3가지 조건
① 대담하고 믿기지 않는 오퍼
② 업계 최초인 오퍼
③ 고객의 요구를 만족시키고 고민이나 불안을 없애는 오퍼

① 대담하고 믿기지 않는 오퍼

고객이 '정말 이렇게 해도 괜찮나?' '손해보고 장사하는 거 아닌가?' 와 같은 걱정을 할 정도의 오퍼다.

당연히 정말로 손해를 봐서는 안 된다. '다른 곳보다 1원이라도 비싸면 그만큼 할인' 등과 같은 오퍼를 내세워 마케팅하는 곳이 있다. 이렇게 해도 이익이 나기 때문에 이런 오퍼가 가능한 것이다. 할인 폭이 큰 정기구독과 같은 서비스도 여기에 해당한다.

② 업계 최초인 오퍼

2009년, 일본에서 롯데리아가 '환불 보증' 오퍼를 내세워 큰 화제를 일으켰다. '맛이 없으면 환불해드리는 절묘한 버거'가 바로 그것이다.

다른 업계에서는 당연한 오퍼였지만, 업계가 달라지면 한순간에 주목을 끄는 오퍼도 있다. 평소에 다른 업계의 사정도 살펴보자.

③ 고객의 요구를 만족시키고 고민이나 불안을 없애는 오퍼

고객의 요구나 고민, 불안을 이해하고 있지 않으면 좋은 오퍼를 생각해 낼 수 없다. 예를 들어 번화가에서 선술집을 경영하고 있다고 하자. 고객이 적을 때는 '맥주 반값'이라고 적힌 간판만으로는 부족하다. '맥주 반값, 빈자리 있음'과 같이 다른 오퍼를 추가해 볼 만하다. 이런 오퍼는 '어디든 상관없으니 자리 나는 곳에서 간단히 한잔하고 싶어'라고 생각하는 고객의 욕구를 만족시키는 강력한 오퍼다. '오호! 이거 좋네!' 하며 고객의 표정을 밝게 해주는 오퍼를 구상하자.

한 입 베어 문 순간,
입안은 파라다이스.
따끈한 치킨이 반값…

시원한 맥주도
반값으로 해주면 안 돼?

오퍼란?

- 고객과 약속하는 매력적인 거래 조건

- 강렬한 오퍼는 비즈니스 자체를 크게 성장시킨다.

'팔리는 오퍼'의 6가지 유형

① 가격 오퍼

② 리스크 불식

③ 특전 오퍼

④ 무료 오퍼

⑤ 시간 단축 오퍼

⑥ 편리성 오퍼

※각각의 오퍼 유형을 조합해 혼합 유형을 만들 수 있다.

'실패하는 오퍼'의 6가지 유형

① 경쟁 업체와 비슷한 오퍼

② 가격 경쟁 오퍼

③ 가치가 낮은 오퍼

④ 알기 어려운 오퍼

⑤ 진입 장벽이 높은 오퍼

'성공하는 오퍼'의 3가지 조건 ·······························

① 대담하고 믿기지 않는 오퍼

② 업계 최초인 오퍼

③ 고객의 요구를 만족시키고 고민이나 불안을 해소하는 오퍼

오퍼 작성 시 주요 포인트 ·······························

- 경쟁사 오퍼를 반드시 리서치해야 한다.

- 이미 존재하는 오퍼를 개선하고 조합한다.

- 짧은 말로 표현해도 그 가치가 정확히 전달되어야 한다.

- 고객이 "오호! 이거 좋네!" 하며 밝은 표정이 되어야 한다.

겉은 바삭 속은 촉촉,
'겉바속촉' 군만두가 반값…

거긴 꼭 가봐야 할 것 같아.

오로지 오퍼 덕분에 10배 팔린 이야기

오퍼로 하루아침에 광고 반응을 크게 바꿀 수도 있다. 한 가지 예를 들면, 필자의 온라인 카페 회원인 H씨는 캐치 카피 오퍼로 대성공을 거둔 분이다. H씨는 쌀겨 베개를 인터넷에서 판매하고 있었는데, 처음에는 잘 팔리지 않았다고 한다.

그런데 캐치 카피에 환불 보증 오퍼를 도입하면서 바로 반응이 나타나며 매출이 크게 오르기 시작하더니, 한 달 후에는 전년 동월 대비 10배나 팔렸다. '환불 보증'이라는 오퍼가 들어간 캐치 카피로만 매출을 10배 올린 것이다. 오퍼의 효과가 어느 정도인지 알 수 있는 사례다.

> **당시 사용한 캐치 카피**
> 쌀겨 베개를 베고 자면 어떤 기분일까?
> 써보지 않으면 모른다! 반품 완전 무료 캠페인 ~10/31까지
> 마음에 들지 않으면 반품 가능
> 게다가 반품 시 배송비 무료
> 겨울밤 편안한 숙면을 도와줍니다. 체험해 보세요.

H씨에 따르면 실제로 반품 요청 사례는 겨우 1건뿐이었다고 한다. 결과적으로 환불 보증이라는 말을 넣는 것만으로 수익이 크게 상승한 것이다.

많은 사람이 '환불 요청이 많으면 어떡하지…' 하고 걱정이 앞서기 때문에 환불 보증을 꺼리지만, 상품이나 서비스에 하자만 없다면 얻을 수 있는 이익이 더 크다.

제17장

팔리는 카피를 과학적으로
확인하는 광고 테스트

카피는 과학이다

카피라이터의 업무는 팔리는 문장을 쓰는 것이 다가 아니다. 팔리는 카피를 검증하고 찾아내는 업무도 중요하다. 광고의 신이라고 불리는 클로드 홉킨스(Claude C. Hopkins)의 말처럼 광고는 '과학'이다.

카피 테스트를 잘해야 성공적인 카피가 될 수 있죠.

광고 테스트의 역사는 길다. 우편이나 전단지 같은 종이 매체까지 거슬러 올라가야 한다. 오늘날에는 온라인 광고가 각광을 받고 있다. 온라인 광고는 실시간으로 효과를 측정할 수 있고 곧바로 수정도 할 수 있다. 그만큼 광고 테스트의 역할이 훨씬 더 중요해진 것이다.

테스트 없는 광고는 도박

예전에 테스트한 안건 중, 캐치 카피 A의 구매율이 8%이고 캐치 카피 B의 구매율이 22%인 광고가 있었다. 만약 광고 테스트를 하지 않고 캐치 카피 A로만 광고를 1년간 진행했다면 과연 얼마나 손실을 봤을까?

연간 광고에 노출된 고객이 10만 명이라면 구매자 수는 8,000명과 22,000명으로 매우 달라진다. 수익으로 따지면 엄청난 차이다. 감이나 예측에 의존하는 카피라이팅은 임상 시험을 거치지 않은 신약만큼이나 위험한 것이다. 아무리 우수한 카피라이터도 결과를 알기 전까지는 성패를 가늠할 수 없다. 정답을 알려면 오직 고객들의 반응을 기다릴 수밖에 없다.

올바른 방법으로 테스트를 실시한다

광고 테스트를 아무렇게나 해서는 의미가 없다. 방법이 올바르지 않으면 혼란만 초래하고 잘못된 방향으로 나아갈 뿐이다. 이 장에서는 광고 테스트의 올바른 방법에 관해 알아보자.

1년 후 매출이 급상승한 광고 테스트

광고 테스트의 기본적인 개념은 다음과 같다.

광고 테스트의 기본 개념 4가지

- 소재가 다른 복수의 광고 제작

- 복수의 광고를 같은 조건에서 노출

- 효과 측정으로 반응 좋은 소재 확인

- 테스트 결과에 근거해 소재 개선

주의점은 단 1회 테스트로 끝내지 않는다는 것이다. 몇 번 테스트를 반복해서 반응이 좋은 광고로 만들어가는 과정이 필요하다. 이를 'PDCA'라고 하며, 광고 테스트에서의 기본 전제다.

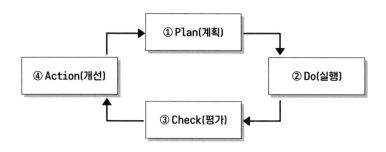

PDCA: 광고 테스트는 1회로 끝내지 말자

---

① Plan(계획): 소재가 다른 복수의 광고를 제작

② Do(실행): 복수의 광고를 같은 조건에서 노출

③ Check(평가): 효과 측정으로 반응 좋은 소재 확인

④ Action(개선): 테스트 결과에 근거해 소재 개선

스플릿런 테스트의
올바른 방법

스플릿런 테스트(split-run test)는 많은 기업이 시행하고 있는 광고 테스트 기법이다. 흔히 'AB 테스트'라고 하며, 간단한 방법으로 반응이 좋은 광고를 찾아낼 수 있는 광고 테스트법이다.

스플릿런 테스트란?

이 테스트는 A와 B, 두 종류의 광고를 준비해서 각각의 반응 차이를 측정한다. 세 종류 이상의 광고로 테스트하는 경우도 있지만 기본적으로는 두 종류다. 동시에 테스트하는 광고 수가 너무 많으면 상당한 광고 노출량이 필요하므로 광고 관리나 효과 측정이 어려워진다.

변경 요소는 한 가지만

스플릿런 테스트를 진행할 때는 광고 A와 B의 차이점을 한 가지로 한정해야 한다. 차이점이 많으면 반응의 원인을 파악하기 힘들기 때문이다.

스플릿런 테스트는 좋은 점과 나쁜 점을 파악하는 것이 목적이다. 따라서 정확한 원인을 특정할 수 있도록 광고 A와 B의 차이점은 꼭 한 가지로 설정하자.

스플릿런 테스트에서 변경해야 할 요소

스플릿런 테스트를 진행할 때 변경해야 할 요소는 다음과 같다.

스플릿런 테스트 시 변경 요소

- 매체

- 소구

- 캐치 카피

- 오퍼

- 신청 방법

- 사회적 증명이나 권위

- 디자인이나 레이아웃

- 보디 카피의 구성

※ 위 요소들 중 하나만 바꿔서 AB 테스트를 실시한다.

반응이 '최악'이면 어떻게 해야 하나요?

다음 페이지에 적혀 있어.

광고 효과에 따른
3가지 패턴 테스트법

스플릿런 테스트는 광고 효과를 최대한으로 끌어올리는 것이 목적이다. 고객의 반응에 따라 '최악' '보통' '괜찮음' 3가지 패턴으로 나눠 조정 여부를 판단한다.

패턴 1 광고 결과가 '최악'인 경우

'100건의 문의 수를 예상했지만 2건 문의'

'500개의 판매 수를 예상했지만 5개 판매'

'무료 오퍼인데도 계약률 0.3%'

이런 경우에는 두 가지 원인을 생각할 수 있다.

광고 결과가 '최악'인 경우의 2대 원인

원인 ① 소구가 빗나감

원인 ② 매체 선택 실패

따라서 스플릿런 테스트에서 바꿔봐야 할 요소는 다음 두 가지다.

---

① 소구를 바꿔서 AB 테스트 진행

② 동일 광고를 다른 매체에서 테스트

이 광고 테스트는 사실상 반응이 제로에 가까운 결과에서 성과를 내야 한다. 노력이 가장 많이 필요한 경우지만 소구나 매체를 재검토하면 효과를 높일 수 있다.

① '소구를 바꿔서 AB 테스트 진행' 주의점

이 광고 테스트는 메시지의 기본 목적인 '누구에게 무엇을 말할 것인가?'를 바꾸는 것이다. 캐치 카피만 바꿔서 해결되는 경우도 있지만, 대개는 소구를 바꾸면 카피 전체를 바꿔야 한다. 따라서 소구 테스트는 '하나의 요소만 변경'이라는 규칙을 무시할 수밖에 없다.

② '동일 광고를 다른 매체에서 테스트' 주의점

매체 테스트는 매우 중요하다. 매체를 바꾸고 반응이 좋아지는 경우가 많기 때문이다. 아무리 소구나 카피, 오퍼가 좋아도 매체 선정에서 실패하면 반응을 기대하기 어렵다. 마치 고기가 없는 연못에서 낚시를 하는 것과 같다.

효과가 좋은 매체를 선별하려면 일단 저예산으로 광고를 집행해 보는 방법이 있다. 부수, 노출 수, 클릭 수 등 수치 측정이 가능한 매체를 선정해 저예산으로 테스트해 보자. 하지만 여러 매체에서 모두 효과가 없다면 소구에 문제가 있다는 뜻이다.

광고 결과가 '보통'인 경우

'100건의 문의 수를 예상했지만 30건 문의'

'500개의 판매 수를 예상했지만 100개 판매'

'무료 오퍼인데도 계약률 3%'

반응이 제로는 아니다. 하지만 절대 많다고는 할 수 없고 적은 편이다. 완전히 실패했다고 할 수 없으나 성공적이지도 않은 '보통'이다. 이때는 두 가지 원인을 생각해 볼 수 있다.

광고 결과가 '보통'인 경우의 2대 원인

원인 ① 캐치 카피 실패

원인 ② 오퍼가 약함

따라서 스플릿런 테스트에서 바꿔야 할 요소는 아래 두 가지다.

- -

① 캐치 카피만 바꿔서 AB 테스트 진행

② 오퍼만 바꿔서 AB 테스트 진행

- -

반응이 크게 달라질 수 있는 패턴

오퍼를 바꾸려면 많은 노력이 필요하다. 일단은 캐치 카피 표현부터 테스트하자. 그리고 캐치 카피 근처에 게재하는 이미지가 있다면 이것도 테스트해 보는 것이 좋다.

광고 테스트에서 고객의 반응 변화가 가장 많은 패턴이 바로 '보통'인 경우다. 캐치 카피나 오퍼를 바꿔서 반응이 두세 배 높아지기도 하므로 포기하지 말고 광고 테스트를 진행하자.

패턴 3 광고 결과가 '괜찮음'인 경우

'100건의 문의 수를 예상했지만 60건 문의'
'500개의 판매 수를 예상했지만 300개 판매'
'무료 오퍼인데도 계약률 5%'

이런 경우에는 세 가지 원인을 생각할 수 있다.

광고 결과가 '괜찮음'인 경우의 3대 원인

원인 ① 보디 카피 실패

원인 ② 레이아웃이나 디자인 실패

원인 ③ EFO가 약함

즉 스플릿런 테스트에서 바꿔야 할 요소는 아래 세 가지다.

---

① 보디 카피만 바꿔서 AB 테스트 진행
② 레이아웃이나 디자인만 바꿔서 AB 테스트 진행
③ 신청 방법만 바꿔서 AB 테스트 진행

세 가지 요소를 순서대로 상세히 살펴보자.

① '보디 카피만 바꿔서 AB 테스트 진행' 주의점

이 광고 테스트는 미세 조정을 반복하면서 조금씩 반응률을 높이는 단계로 봐야 한다. 또한 보디 카피를 바꿀 때 세세한 문장 표현만 바꾸는 것으로는 거의 반응 차이가 없기 때문에 전체적인 방향을 수정하는 것이 좋다. 예를 들어 카피의 분량을 늘리거나 줄이기, 사회적 증명이나 권위 또는 실적 등의 증거 추가, 보디 카피 구성 수정 등이 필요하다.

② '레이아웃이나 디자인만 바꿔서 AB 테스트 진행' 주의점

레이아웃이나 디자인을 변경해서 진행하는 테스트는 특히 캐치 카피나 리드 카피 주변 디자인을 면밀히 재검토해야 한다. 광고 도입부를 수정해야 한다는 뜻이다.

스크롤을 내리기 전에, 또는 페이지를 넘기기 전에 눈길을 사로잡을 수 있는 디자인이나 레이아웃이 필요하다.

③ '신청 방법만 바꿔서 AB 테스트 진행' 주의점

신청 방법이 쉽고 간편하게 되어 있는지 집중해서 살펴봐야 한다. 이것이 바로 EFO(입력 방식 최적화)라고 불리는 분야로 반응에 큰 영향을 미친다. EFO의 자세한 내용은 제20장에서 살펴보겠다.

온라인 광고 테스트에서 반드시 알아야 할 9가지 지표

온라인 광고의 강점은 실시간으로 효과를 상세히 측정할 수 있다는 점이다. 다만 새로운 효과 측정법과 지표가 계속 등장하고 있어 어렵게 생각하는 분이 많다. 그러나 지금부터 설명하는 9가지 지표만 알고 있으면 기본적인 광고 테스트는 문제없다. 더불어 다른 지표를 이해하는 데도 도움이 된다.

① 임프레션 수(노출량)

광고가 표시되는 횟수를 말한다. 'imp' 또는 'imps'로 표기하기도 한다.

② 개봉률

이메일이나 메신저 등에서 고객이 광고를 열어본 지표를 말한다. 개봉률이 높을수록 매체에서의 반응도 올라간다. 이메일에서는 제목이, 메신저에서는 첫 문장이 개봉률에 큰 영향을 준다. 전송 시간이나 고객 리스트도 중요하다. 고객과 판매자의 신뢰 관계가 깊을수록 개봉률이 높다.

> **공식) 메시지를 개봉한 사람 수 ÷ 발송 수 × 100 = 개봉률**
> 예시) 개봉자 수 200명 ÷ 발송 수 1,000 × 100 = 개봉률 20%

③ CTR(Click Through Rate)

임프레션 수(광고 표시 횟수) 중에 몇 퍼센트가 그 광고를 클릭했는지를 의미하는 지표다. 클릭률이라고도 부르며 주로 배너 광고에서 중시된다. CTR이 높을수록 광고에 흥미가 있는 사람이 많다는 뜻이다.

매체에 따라서는 CTR이 높을수록 1클릭당 비용(CPC)이 낮은 경우도 있기 때문에 광고 비용 대비 효과에 큰 영향을 준다. 배너 광고는 광고 소재에 따라 CTR이 극적으로 바뀌는 경우가 많기 때문에 카피 작성 기술이 큰 역할을 한다.

> **공식) 클릭 수 ÷ 임프레션 수 × 100 = CTR**
> 예시) 300클릭 ÷ 5,000임프레션 × 100 = CTR 6%

④ CPC(Cost Per Click)

1클릭당 비용을 나타내는 지표로 '클릭 단가'라고도 한다. CPC가 낮을수록 저예산으로 더 많은 사람에게 광고를 보여줄 수 있다.

다음은 기본적인 공식이다. 다만 검색 광고나 페이스북 광고와 같이 CTR 등의 다른 요소로 인해 CPC가 변동하는 매체도 있으므로 주의하자.

> **공식) 광고 비용 ÷ 클릭 수 = CPC**
> 예시) 광고 비용 600만 원 ÷ 3,000클릭 = CPC 2,000원

⑤ CV(Conversion)

광고에서 발생한 신청이나 판매, 문의 등 판매자의 실제 성과를 나타내는 지표로 광고 반응에서 가장 중요한 지표다.

카피는 곧 CV 수를 높이기 위한 기술이라고 해도 과언이 아니다. 참고로 '씨브이'가 아니라 '컨버전'이라고 부른다.

> 예시) 자료 청구 1,500건 → CV 1,500건

⑥ CVR(Conversion Rate)

사이트 방문자 중 몇 명이 컨버전했는지를 나타내는 지표로 전환율이라고도 한다. 일반적인 온라인 매체라면 배너를 클릭한 사람 중에 몇 퍼센트가 컨버전했는지를 나타낸다.

CVR은 LP(Landing Page. 광고로 유입된 사람이 최초로 보는 페이지)나 웹사이트의 좋고 나쁨을 판단하는 기준이 되기도 한다. 만약 배너의 CTR은 좋은데 LP의 CVR이 낮다면 LP를 개선해야 한다.

> **공식) CV 수 ÷ 사이트 방문자 수 × 100 = CVR**
> 예시) CV 100건 ÷ 사이트 방문자 5,000명 × 100 = CVR 2%

⑦ CPA(Cost Per Action)

1건의 CV를 얻기 위해 지불한 비용을 나타내는 지표. CPA가 낮을수록 비용 대비 효과가 높은 광고를 집행하고 있는 셈이다. CPA를 개선하려면 CVR뿐만 아니라 CPC 개선도 중요하기 때문에 온라인 광고 전체의 좋고 나쁨을 판단하는 지표로 활용할 수 있다. CV 1건당 손익분기점을 CPA에 반영하면 안전한 광고 집행이 가능하다.

> **공식) 광고 비용 ÷ CV 수 = CPA**
> 예시) 광고 비용 500만 원 ÷ CV 100건 = CPA 50,000원

⑧ ROAS(Return On Advertising Spend)

광고비 대비 매출을 나타내는 지표. 광고로 이익을 내려면 사전에 목표 ROAS를 설정해 둘 필요가 있다.

> **공식) 매출 ÷ 광고 비용 × 100 = ROAS**
> 예시) 매출 3억 원 ÷ 광고 비용 5,000만 원 × 100 = ROAS 600%

⑨ LTV(Life Time Value)

고객 한 명이 해당 서비스 이용을 마칠 때까지 얼마의 매출을 일으키는지 나타내는 지표다. LTV를 정확하게 측정할 수 있으면 목표 CPA를 더

욱 정확하게 계산할 수 있어 광고 집행이 편리하다. 요즘에는 구독형 비즈니스가 확대되고 있기 때문에 특히 중요도가 높아지는 지표다. LTV 계산 공식은 몇 가지가 있는데, 그중 실용적인 공식을 두 가지 소개하겠다.

실용적인 LTV 계산 공식 2가지

공식 1) 평균 구매 단가 × 구매 빈도 × 계속 기간 = LTV

※ LTV의 일반적인 수식으로 정확한 계속 기간을 측정하려면 일정 수준의 사업 기간이 필요하다.

예시 1) 평균 구매 단가 15,000원 × 구매 빈도 10회 × 계속 기간 3년 = LTV 45만 원

※ LTV 45만 원에 매출 총이익율을 곱해서 나온 숫자가 CPA의 상한선이라고 생각할 수 있다.

- -

공식 2) 연매출 ÷ 1년간 구입 고객의 UV = LTV

※ UV(Unique Visitor): 특정 기간 내에 사이트를 찾은 이용자 수. 한 사람이 여러 번 사이트를 방문해도 1건으로 취급한다.

※ 이 수식은 1년 동안 고객 한 명이 평균 얼마의 매출을 올렸는지 계산한다. 원래는 고객의 생애 매출로 봐야 하지만, 현실적으로 최근 1년간을 계측한 데이터가 신뢰도가 높다.

예시 2) 연매출 12억 원 ÷ 1년간 구입 고객의 UV 5,000명 = LTV 24만 원

※ LTV 24만 원에 매출 총이익율을 곱해서 나온 숫자가 CPA의 상한선이라고 생각할 수 있다.

정답을 찾았다면
철저하게 활용하자

광고 테스트를 여러 번 거친 후 만족할 만한 반응을 얻었다면 반드시 그 광고를 철저하게 활용하자. 대개는 조금이라도 반응이 안 좋아지면 광고를 새로 제작하는 경우가 많은데 잘못된 판단이다.

한번 성공한 광고는 효과가 좀처럼 떨어지지 않는다. 효과가 떨어졌다고 해도 그것은 일시적인 현상인 경우가 많고 시간이 지나면 다시 회복한다.

고객보다 먼저 질려서는 안 된다

가장 큰 문제는 고객보다 먼저 질리는 것이다. 반응이 있는 광고인데도 질려서 '더 좋은 광고'를 만들려고 하는 경우가 많다. 이는 어렵게 공들여 키운 영업자를 마음대로 해고하는 것과 다름없다. 매우 아까운 일이다.

효과가 좋은 광고 소재는 'LP→메일'이나 '전단지→LP'와 같이 매체를 바꿔도 통용되는 경우가 많기 때문에 잘 활용하면 새로운 판로 개척도 가능하다. 반응이 좋은 광고는 철저히 활용하자.

망설이지 말고 테스트하라 ···

- 광고는 과학이다.

- 테스트 결과만이 진실을 안다.

- 방법이 올바르면 연간 매출이 급상승한다.

올바른 방법으로 테스트를 실시하라 ·································

- 테스트를 대충 하면 정확한 측정이 불가능하기 때문에 잘못된 방향으로 나아간다.

- AB 테스트에서 변경 요소는 하나로 한정한다. (소구 테스트는 예외)

- 광고 테스트를 반복해서 반응이 좋은 광고를 완성한다.

계획적으로 'PDCA' 반복 ···

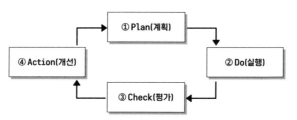

① Plan(계획) : 소재가 다른 복수의 광고를 제작

② Do(실행) : 복수의 광고를 같은 조건에서 노출

③ Check(평가) : 효과 측정으로 반응 좋은 소재 확인

④ Action(개선) : 테스트 결과에 근거해 소재 개선

테스트 예시

1주차: 소구 AB 테스트

2주차: 캐치 카피 AB 테스트

3주차: 오퍼 AB 테스트

4주차: 보디 카피 AB 테스트

5주차: 디자인 AB 테스트

스플릿런 테스트 시 변경 요소 ······························

- 매체
- 소구
- 캐치 카피
- 오퍼

- 신청 방법
- 사회적 증명이나 권위
- 디자인이나 레이아웃
- 보디 카피의 구성

광고 결과에 따라 달라지는 테스트 내용 ························

① 광고 결과가 '최악'인 경우

- 소구를 바꿔서 AB 테스트 진행
- 동일 광고를 다른 매체에서 테스트

② 광고 결과가 '보통'인 경우

- 캐치 카피만 바꿔서 AB 테스트 진행
- 오퍼만 바꿔서 AB 테스트 진행

③ 광고 결과가 '괜찮음'인 경우

- 보디 카피만 바꿔서 AB 테스트 진행
- 레이아웃이나 디자인만 바꿔서 AB 테스트 진행
- 신청 방법만 바꿔서 AB 테스트 진행

온라인 광고 테스트에서 알고 있어야 할 9가지 지표 ··········

① 임프레션 수

광고가 표시되는 횟수

② 개봉률

메시지를 개봉한 사람 수 ÷ 발송 수 × 100 = 개봉률

③ CTR(Click Through Rate)

클릭 수 ÷ 임프레션 수 × 100 = CTR

④ CPC(Cost Per Click)

광고 비용 ÷ 클릭 수 = CPC

⑤ CV(Conversion)

광고에서 발생한 신청이나 판매, 문의 등의 실제 성과

⑥ CVR(Conversion Rate)

CV 수 ÷ 사이트 방문자 수 × 100 = CVR

⑦ CPA(Cost Per Action)

광고 비용 ÷ CV 수 = CPA

⑧ ROAS(Return On Advertising Spend)

매출 ÷ 광고 비용 × 100 = ROAS

⑨ LTV(Life Time Value)

공식 1) 평균 구매 단가 × 구매 빈도 × 계속 기간 = LTV

공식 2) 연매출 ÷ 1년간 구입 고객의 UV = LTV

정답을 찾았다면 철저하게 활용하자 ··········

- 고객보다 먼저 질리지 말자.

- 한번 성공한 광고는 효과가 좀처럼 떨어지지 않는다.

- '온라인→지면'이나 '지면→온라인'과 같이 매체를 변경한 활용도 검토하자.

제18장

읽기 좋은 레이아웃과 장식 13가지 기법

카피에서
'레이아웃'과 '장식'의 목적

　많은 사람이 광고가 돋보이게 하기 위해 세세한 부분까지 이것저것 신경 쓴다. 하지만 웬만큼 센스가 좋은 디자이너가 아니고서야 좀처럼 쉬운 작업이 아닐 것이다. 이 장에서는 디자이너가 아닌 사람이 광고를 만들 때 알아야 할 '레이아웃'과 '장식'의 기본 기술을 알아보자.

예술과 디자인의 차이

　먼저 예술과 디자인의 차이를 이해할 필요가 있다. 예술은 자기 표현이다. 예를 들어 소리가 나지 않는 기타를 만들어도 본인의 철학이나 메시지가 담겼다면 예술이라고 부를 수 있다.

　반면에 디자인은 타인에게 만족을 주는 것이다. 소리가 나지 않는 기타를 만드는 것과 같이 주관적인 창작 활동이 아니라는 뜻이다. 디자인은 기업이나 소비자 등 관련자의 이익을 충족시키기 위한 작업이다. 이 장에서 설명하는 '레이아웃'과 '장식'은 디자인에 해당하는 기술이다.

목적은 오직 성과

　카피에서 추구하는 '레이아웃'과 '장식'은 오로지 성과를 내는 것이 목표다. 여기서 성과란 고객의 반응이다.

　가능한 한 많은 사람의 반응을 얻기 위해 '레이아웃'과 '장식'이 존재한다. 이 장에서 배울 '레이아웃'과 '장식'은 각각 다음을 의미한다.

레이아웃이란?

'정보 배열'을 말한다. 보다 좋은 반응을 이끌기 위해 캐치 카피, 이미지, 리드 카피, 보디 카피 등의 광고 요소를 효과적으로 배치하는 작업이다.

장식이란?

'꾸미는 작업'을 말한다. 보기 좋게 한다는 뉘앙스가 강한 말이지만, 카피에서는 광고의 반응률을 높이려는 목적으로 장식을 한다.

반응을 이끄는 레이아웃과 장식 요령

광고 반응률을 높이는 레이아웃과 장식은 다음 3가지가 중요하다.

> **반응률을 높이는 레이아웃과 장식 포인트 3가지**
>
> **포인트 ① 읽기 쉽게 하기**
>
> 카피는 문장이 많다. 그래서 읽는 스트레스를 1%라도 줄이는 레이아웃과 장식이 필요하다.
>
> **포인트 ② 읽는 순서를 지키게 유도하기**
>
> 보디 카피는 읽는 순서(구성)가 중요하다. 의도한 순서대로 읽게 만드는 레이아웃과 장식이 필요하다.
>
> **포인트 ③ 읽기 바라는 곳으로 유도하기**
>
> 매력적인 오퍼나 사회적 증명 등 반응에 큰 영향을 미치는 부분으로 유도하는 레이아웃과 장식이 필요하다.

이제 이 3가지를 만족시키는 기본 기법을 알아보자.

읽기 쉽게 하는 방법 ①
KISS를 기억하자

읽기 쉽다는 것은 무엇을 의미할까? 한마디로 말하면 간결하다는 것이다. '광고의 아버지'로 불리는 데이비드 오길비(David Ogilvy)는 다음과 같은 명언을 남겼다.

"Keep It Simple, Stupid."(이 바보야, 단순하게 가.)

각 단어의 첫 글자를 따 'KISS'라고 한다. 디자이너가 아닌 사람이 제작한 레이아웃이나 장식을 보면 대개 읽기 힘든 경우가 많다. 읽기 쉬운 디자인은 항상 간결하다. 일부러 복잡하게 만들지 않는다. 레이아웃이나 장식이 고민이라면 KISS를 떠올리자. '간결하게, 그리고 더 간결하게'를 마음에 새기자.

잡지 텍스트는 모범 예시

잡지의 글은 좋은 예시다. 일반적으로 잡지는 간결하고 군더더기가 없어 읽기 쉬운 레이아웃으로 구성되어 있다. 과도한 장식이 거의 보이지 않아 문장량이 많아도 읽는 스트레스가 적다.

읽기 쉽게 하는 방법 ②
특이한 글씨체는 금물

아래 두 글을 보자. 어느 쪽이 더 읽기 쉬운가?

레이아웃이나 장식이 고민이라면
KISS를 떠올리자.
'간결하게, 그리고 더 간결하게'를
마음에 새기자.

레이아웃이나 장식이 고민이라면
KISS를 떠올리자.
'간결하게, 그리고 더 간결하게'를
마음에 새기자.

왼쪽처럼 특이한 글씨체는 오히려 역효과를 일으킬 가능성이 높다. 물론 글씨체는 눈에 띄지만 정작 글을 읽기 어렵다. 문자의 개성이 중요한 것이 아니라 스트레스 없이 읽게 만드는 것이 중요하다.

읽기 쉬운 글씨체란?

읽는 이가 평소에 익숙한 글씨체가 읽기 편하다. 지면 매체라면 서적이나 잡지, 신문 등에서 사용하는 글씨체를 참고하자. 온라인 매체는 포털 사이트, 페이스북, 트위터 등 인터넷 유저가 익숙한 글씨체가 좋다.

읽기 쉽게 하는 방법 ③
지나친 컬러 사용은 금물

색깔 있는 글씨가 지나치게 많으면 읽기 힘들다. 색은 글씨를 눈에 띄게 하는 효과가 있지만, 글의 가독성을 떨어뜨려 읽는 이에게 내용이 제대로 전달되지 않을 위험이 있다. 이러한 단점은 고객이 카피를 볼 때 치명적으로 작용할 수 있으므로 주의해서 사용해야 한다. 상황에 따라 다르지만, 캐치 카피의 키워드나 핵심 오퍼 등 꼭 필요한 부분에만 제한적으로 색을 넣는 것이 좋다.

다시 말해 '이 단어(또는 문구)에는 반드시 색이 들어가야 해!'라고 생각하는 부분에만 컬러 처리를 하는 것이다. 만약 글씨에 색을 넣을지 말지를 고민하고 있다면 넣지 않는 것을 추천한다.

읽기 쉽게 하는 방법 ④
흰 배경에 검은 글씨

아래 두 글 중 어느 쪽이 더 읽기 쉬운가?

| 읽는 이가 평소에 익숙한 글씨체가 **읽기 편하다.** 지면 매체라면 서적이나 잡지, 신문 등에서 사용하는 글씨체를 참고하자. 다만 손글씨는 읽는 이의 주목도를 높여주기 때문에 캐치 카피나 소제목 등에 활용할 수 있다. | 읽는 이가 평소에 익숙한 글씨체가 **읽기 편하다.** 지면 매체라면 서적이나 잡지, 신문 등에서 사용하는 글씨체를 참고하자. 다만 손글씨는 읽는 이의 주목도를 높여주기 때문에 캐치 카피나 소제목 등에 활용할 수 있다. |

왼쪽은 배경이 검어서 읽기 쉽지 않다. 보디 카피는 기본적으로 흰 배경에 검은 글씨가 좋다. 다만, 전체가 아닌 소제목이나 주목을 끌기 위한 목적으로 쓴 문장 등은 검은 배경으로 처리하면 시인성이 높아지는 효과가 있다.

소제목 검은 배경 예시

특이한 글씨체는 금물

읽는 이가 평소에 익숙한 글씨체가 읽기 편하다. 지면 매체라면 서적이나 잡지, 신문 등에서 사용하는 글씨체를 참고하자.

음…. 하드록 밴드 KISS인 건가?

베이스를 연주하는 진 시몬스를 가장 좋아해요.

읽기 쉽게 하는 방법 ⑤
좌우 줄 맞추기

아래 두 글 중 어느 쪽이 더 읽기 쉬운가?

> 보디 카피는 기본적으로 흰 배경에 검은 글씨가 좋다.
> 다만 전체가 아닌 소제목이나 주목을 끌기 위한 목적으로 쓴 문장 등을
> 검은 배경으로 처리하면 시인성이 향상되는 효과가 있다.

> 보디 카피는 기본적으로 흰 배경에 검은 글씨가 좋다. 다만 전체가 아닌 소제목
> 이나 주목을 끌기 위한 목적인 문장 등을 검은 배경으로 처리하면 시인성이 향
> 상되는 효과가 있다.

아래는 좌우의 줄을 맞췄다. 이렇게 하지 않으면 시선이 산만해져 눈
이 쉽게 피로해진다. 특히 글이 길다면 읽는 스트레스가 더욱 커지기 때
문에 주의하자.

잡지나 도서를 보면 좌우 줄이 잘 맞춰져 있다. 지면 매체라면 이 점
을 특히 주의하는 것이 좋다.

읽기 쉽게 하는 방법 ⑥
단 설정하기

아래 글을 더 읽기 쉽게 하려면 어떻게 하면 좋을까?

읽기 쉬운 전단지 만드는 법

대부분은 우편함에 전단지가 있으면 읽지 않고 그대로 버린다. 안타깝지만 고객의 입장에서 우편함 전단지는 쓰레기에 지나지 않는다. 어떻게 하면 바로 버리지 않게 할 수 있을까? 그 비결은 캐치 카피에 있다. 고객은 캐치 카피를 보고 전단지를 읽을지 말지를 순간적으로 판단한다. 즉 첫 몇 줄이 운명을 좌우한다. 전단지를 든 순간에 '이건 뭐지?' 하고 놀라며 다음 내용이 궁금해지는 캐치 카피를 만들자.

옆으로 긴 문장은 좌우로 눈을 많이 움직여야 하기 때문에 읽는 스트레스가 커진다. 이때는 단을 나누는 디자인이 효과적이다. 다단 설정(문자열 분할)은 디자인할 때 문자나 이미지를 2단 이상으로 분할해서 배열하는 것을 말한다. 전단지와 같은 지면 매체에서 특히 중요하다.

읽기 쉬운 전단지 만드는 법

대부분은 우편함에 전단지가 있으면 읽지 않고 그대로 버린다. 안타깝지만 고객의 입장에서 우편함 전단지는 쓰레기에 지나지 않는다. 어떻게 하면 바로 버리지 않게 할 수 있을까? 그 비결은 캐치 카피에 있다. 고객은 캐치 카피를 보고 전단지를 읽을지 말지를 순간적으로 판단한다. 즉 첫 몇 줄이 운명을 좌우한다. 전단지를 든 순간에 '이건 뭐지?' 하고 놀라며 다음 내용이 궁금해지는 캐치 카피를 만들자.

단을 나눌 때는 1행당 문자 수를 균일하게 나누는 것이 중요하다. 각 열의 1행당 문자 수가 뒤죽박죽이면 오히려 읽기 어려워진다. 지면 매체인 잡지나 신문의 레이아웃을 보고 문자 수를 참고하면 좋다.

읽기 쉽게 하는 방법 ⑦
문단 나누기

고객은 책이나 잡지와 달리 광고는 읽기 싫어한다. 심지어 문장이 빽빽하게 배열되어 있다면 그만큼 더 읽기를 꺼린다.

이 문제를 해결하려면 문단을 나눠주는 것이 좋다. 문단을 적절하게 나누면 다량의 정보를 여러 개의 작은 정보 덩어리로 보여주는 효과가 있어 읽는 스트레스가 줄어든다. 상품 소개 페이지나 메일처럼 문장량이 많은 매체에서 특히 중요한 항목이다.

광고는 무엇보다 읽기 쉬워야 하므로 큰 문제가 없다면 한 문단에 3~4줄이 넘어가지 않게 문단을 나누도록 하자.

이메일 광고에서의 주의점

요즘에는 스마트폰으로 메일을 확인하는 경우가 많기 때문에 이메일 광고라면 스마트폰을 기준으로 편집하는 것이 무난하다.

다만 기종이나 설정에 따라 표시되는 모양이 약간씩 다르기 때문에 실제 표시될 화면을 고려해서 문단을 나누는 것이 좋다.

읽기 쉽게 하는 방법 ⑧
여백 활용하기

광고에서 여백은 판매에 아무런 역할을 하지 않는다고 생각하기 쉽다. 만약 공간이 있다면 조금이라도 더 판매에 도움이 되는 카피를 쓰는 것이 좋을지도 모른다. 하지만 여백도 어떻게 활용하느냐에 따라 효과를 낼 수 있다. 아래 문장 중 어느 쪽이 더 읽기 쉬운가?

문단 나누기 주의점	**문단 나누기 주의점**
문단을 적절하게 나누면 다량의 정보를 여러 개의 작은 정보 덩어리로 보여주는 효과가 있어 읽는 스트레스가 줄어든다. 상품 소개 페이지나 메일처럼 문장량이 많은 매체에서 특히 중요한 항목이다. 광고는 무엇보다 읽기 쉬워야 하므로 큰 문제가 없다면 한 문단에 3~4줄이 넘어가지 않게 문단을 나누도록 하자.	문단을 적절하게 나누면 다량의 정보를 여러 개의 작은 정보 덩어리로 보여주는 효과가 있어 읽는 스트레스가 줄어든다. 상품 소개 페이지나 메일처럼 문장량이 많은 매체에서 특히 중요한 항목이다. 광고는 무엇보다 읽기 쉬워야 하므로 큰 문제가 없다면 한 문단에 3~4줄이 넘어가지 않게 문단을 나누도록 하자.

일부러 극단적인 예를 들었지만, 오른쪽 예시처럼 여백은 문장 압박감을 줄여주는 효과가 있다. 물론 쓸데없이 빈 곳은 아무런 의미가 없지만, 읽기 쉽게 해주는 여백은 필요하다.

읽는 순서를 지키게 유도하는 방법
시선의 흐름 의식하기

의도한 순서대로 광고를 읽게 하려면 시선의 흐름을 이해해야 한다. 읽는 사람의 시선이 어떤 방향으로 움직이는지 예측해서 레이아웃을 짜는 것이다. 광고에서 시선의 흐름은 예전부터 연구되고 있는 분야로 오늘날에도 새로운 주장이 계속 나오고 있다. 하지만 가장 기본인 'Z형'과 'N형'만 알고 있으면 크게 문제될 것은 없다.

Z형 시선 흐름

가로 방향으로 구성된 광고는 읽는 사람의 시선이 Z형으로 움직인다.

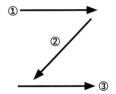

N형 시선 흐름

세로 방향으로 구성된 광고는 읽는 이의 시선이 N형으로 움직인다.

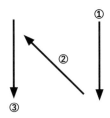

정확히 Z 및 N을 그리지는 않는다

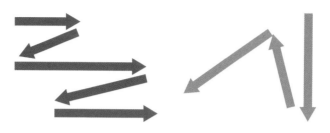

주의해야 할 점은 정확하게 Z형이나 N형을 그리지 않는다는 것이다. 대체로 Z형이나 N형을 그리는 경향이 있다고 생각하는 것이 좋다. 텍스트는 기본적으로 가로쓰기가 기준이므로 레이아웃 대부분은 N형보다는 Z형을 중심으로 짠다.

Z형과 N형 혼용

가로 방향과 세로 방향이 구성이 혼재된 광고에서는 'Z형'과 'N형'이 동시에 나타난다.

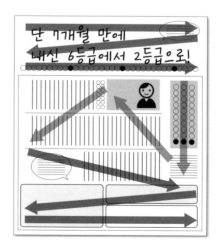

세로로 긴 페이지인 경우

문장량이 많고 세로로 긴 페이지는 Z형이 반복해서 나타난다. 처음에는 아래 방향으로 훑어보다가 중간에 흥미로운 부분이 나타나면 Z형으로 시선이 움직인다.

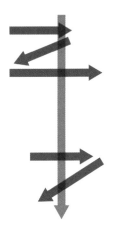

한 광고에 Z형와 N형이 여러 번 나타난다

광고 전체를 볼 때는 물론이고 각 부분을 읽을 때도 읽는 이의 시선은 Z형과 N형을 여러 번 그린다. 이때 반드시 정확히 Z와 N을 그리지는 않기 때문에 억지로 시선의 방향에 따라 맞추려고 하지 말고 '대략 Z나 N과 같이 움직인다'라는 느낌으로 레이아웃을 짜는 것이 좋다.

다만 읽는 사람 대부분은 ①에서 시작하기 때문에 주의를 끌기 위한 캐치 카피나 이미지는 반드시 ①부터 배치하자.

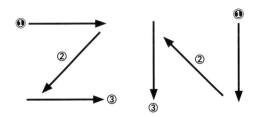

읽기 바라는 곳으로 유도하는 방법 ①
사각 틀에 가두기

반드시 읽게 하고 싶은 '2~3줄의 문장'이 있다면 사각 틀 안에 넣자. 사람은 틀에 가둔 곳을 주목하는 습성이 있기 때문에 틀 안에 있는 문장에 시선이 멈춘다. 다만 지나치게 많이 사용하면 의미가 없으므로 주의한다. 주로 다음과 같은 부분에 사용하면 효과적이다.

'사각 틀'에 가두면 효과적인 부분

- 리드 카피

- 항목으로 나눈 부분

- 사회적 증명이나 권위, 실적

- 소제목

- 오퍼

- 신청 방법

읽기 바라는 곳으로 유도하는 방법 ②
문장에 강약 주기

각 문장에서 중요한 부분은 볼드체, 밑줄, 마킹, 색 변경 등의 장식 처리를 하자. 다만 장식이 지나치면 좋지 않다. 다음 두 글을 살펴보자.

읽는 이가 평소에 익숙한 글씨체가 읽기 편하다. 지면 매체라면 서적이나 잡지, 신문 등에서 사용하는 글씨체를 참고하자. 다만 손글씨는 읽는 사람의 주목도를 높여주기 때문에 캐치 카피나 소제목 등에 활용할 수 있다.

읽는 이가 평소에 익숙한 글씨체가 읽기 편하다. 지면 매체라면 서적이나 잡지, 신문 등에서 사용하는 글씨체를 참고하자. 다만 손글씨는 읽는 사람의 주목도를 높여주기 때문에 캐치 카피나 소제목 등에 활용할 수 있다.

왼쪽은 읽기 불편하고 뭐가 중요한지 한눈에 들어오지 않는다. 주목하게 만들고 싶은 부분에만 장식을 해야 한다. 일반적으로 전체 문장량의 30% 이하가 적당하다.

읽기 바라는 곳으로 유도하는 방법 ③
눈길을 사로잡는 이미지

이미지는 문자보다 주목도가 높다. 뇌가 문자를 인식하는 데 걸리는 시간이 2초 정도라고 하는데, 이미지는 이보다 더 빨리 인식한다. 즉 눈길을 사로잡는 이미지는 읽는 사람의 주의를 한순간에 끌 수 있다. 읽기 바라는 곳에는 고객이 흥미를 느낄 만한 이미지를 함께 게재하자.

카피와 이미지는 겹치면 안 된다

카피와 이미지는 가능한 한 겹치지 않도록 한다. 아래 왼쪽 이미지를 보면 알 수 있듯이 카피가 눈에 띄지 않는다. 만약 이미지와 카피를 겹쳐야 한다면 문자만 독립적으로 읽을 수 있도록 오른쪽과 같은 레이아웃을 추천한다.

읽기 바라는 곳으로 유도하는 방법 ④
캡션에서 유도하기

캡션이란 이미지 아래에 넣는 텍스트를 말한다. 캡션은 주목도가 높은 곳이다. 여기에는 이미지를 설명하는 내용을 넣기보다는 광고 본문으로 유도하는 카피를 넣자. 이미지로 주의를 끈 다음 캡션을 이용해 광고 본문으로 유도하는 식이다.

이것 봐요. 역시 읽었죠?

카피에서 필요한 '레이아웃'과 '장식' ·················

- 광고의 반응률을 높이는 게 목적
- 더 많이 읽히고 더 많은 반응을 보이는 레이아웃과 장식이 필요

반응률을 높이는 레이아웃과 장식 3가지 포인트 ·················

포인트 1 읽기 쉽게 하기

포인트 2 읽는 순서를 지키게 유도하기

포인트 3 읽기 바라는 곳으로 유도하기

레이아웃과 장식의 13가지 기법 ·················

① KISS를 기억하자

② 특이한 글씨체는 금물

③ 지나친 컬러 사용은 금물

④ 흰 배경에 검은 글씨

⑤ 좌우 줄 맞추기

⑥ 단 설정하기

⑦ 문단 나누기

⑧ 여백 활용하기

⑨ 시선의 흐름 의식하기

⑩ 사각 틀에 가두기

⑪ 문장에 강약 주기

⑫ 눈길을 사로잡는 이미지

⑬ 캡션에서 유도하기

제19장

광고 효과를 높이는
10가지 심리 기법

심리 효과가 반응에 영향을 미친 사례 9가지

지금까지 설명한 카피의 기술은 칵테일 파티 효과나 칼리굴라 효과, 자이가르닉 효과와 같이 심리 효과에 기반을 둔 내용이 많다.

심리 효과를 잘 이해하면 카피 기술이 더 향상됩니다.

그뿐 아니라 마케팅이나 영업, 일상 커뮤니케이션 등 폭넓은 분야에서 성과를 올릴 수 있다. 다음은 심리 효과를 활용해 큰 성과를 거둔 사례다.

베이커리 사례

'인당 3개까지'라는 안내 간판을 걸자 그날 매출이 크게 뛰었다.

세무사 사무소 사례

지금까지 2종류(A: 저가, B: 고가) 상담 코스만 있었는데 주로 상담료가 낮은 코스를 선택하는 고객이 많았다. 더 높은 가격의 상담 코스(C)를 만들었더니 B코스 신청자가 늘었다.

컨설턴트 사례

지금까지 컨설팅 코스를 5종류로 나눠서 안내하다가 2종류로 줄이고 "어느 쪽으로 하시겠습니까?"라고 묻는 식으로 상담을 진행하니 신청자가 늘었다.

인터넷 쇼핑 사례 1
세 가지 상품 중 한 가지에 '추천'이라고 썼더니 매출이 2배 뛰었다.

인터넷 쇼핑 사례 2
상품 소개 페이지에 'ㅇㅇ명이 구매'라고 한 마디를 추가했더니 구입자 수가 극적으로 늘었다.

인터넷 쇼핑 사례 3
'추가 생산 종료'라고 안내했더니 재고가 순식간에 소진되었다.

인터넷 쇼핑 사례 4
세일 행사 때 상품 정가를 함께 표기했더니 불티나게 팔렸다.

교육 관련 종사자 대상 세미나 사례
실수로 참가비를 높게 책정했는데 오히려 신청자가 늘었다.

트위터 사례
팔로워들의 트윗에 무조건 '마음에 들어요'를 눌렀더니 내 트윗의 '마음에 들어요' 수가 늘었다.

이와 같은 사례는 광고 형태만 따라 한다고 해서 성과를 낼 수 없다. 광고 효과가 좋은 이유를 심리 효과에서 찾아 이해해야 한다. 고객의 심리 상태를 이해하면 지금까지 배운 많은 카피 기술을 상황에 따라 응용하며 자유롭게 구사할 수 있다. 이 장에서는 카피라이팅이나 마케팅, 영업 등에 즉시 효과를 볼 수 있는 10가지 심리 기술을 알 수 있다.

심리 기술 ①
팔고 싶은 상품을 파는 '송죽매 법칙'

노벨경제학상을 수상한 심리학자 대니얼 카너먼(Daniel Kahneman)의 연구에 따르면 인간은 리스크 회피에 더 민감하다. 이를 전망 이론(Prospect theory)이라고 한다.

사람은 이득을 보려 하기보다는 손해를 보지 않겠다는 심리가 더 강하기 때문에 이득의 기쁨에 비해 손실의 고통을 2배 이상 더 크게 느낀다. 이 심리를 활용한 가격 전략이 바로 '송죽매 법칙'이다. 앞서 소개한 세무사 사무소의 사례를 떠올려 보자.

세무사 사무소 사례

지금까지 2종류(A: 저가, B: 고가) 상담 코스만 있었는데 주로 상담료가 낮은 코스를 선택하는 고객이 많았다. 더 높은 가격의 상담 코스(C)를 만들었더니 B코스 신청자가 늘었다.

이는 전망 이론을 활용한 전략이다.

송죽매(松竹梅) 법칙이란?

상품을 3가지 가격대로 판매하는 전략을 말한다.

---

1) 고가(송)

2) 중가(죽)

3) 저가(매)

일부러 3가지 판매가를 설정해서 다음과 같은 심리 효과를 노린다.

---

1) 고가(송) → 쓸데없이 지출이 너무 큰 것 아닌가?

2) 중가(죽) → 가장 안전하겠지?

3) 저가(매) → 너무 싸서 믿을 수 없어.

중간 가격이 가장 리스크가 적고 안전한 선택지라고 생각하는 심리를 활용한 것이다. 송죽매 법칙을 활용할 때는 가장 많이 판매하고 싶은 상품을 중간 가격으로 설정하자. 가격이 너무 높지 않게, 그렇다고 너무 낮지는 않도록 설정하는 것이 중요하다.

심리 기술 ②
'좋아요'를 늘리는 반보성의 원리

친구에게 생일 선물을 받으면 자신도 뭔가 답례를 하고 싶어진다. '반보성(返報性)의 심리'가 작용하기 때문에 누구나 이런 감정을 느끼는 것이다. 앞서 소개한 트위터 사례를 다시 보자.

트위터 사례
팔로워들의 트윗에 무조건 '마음에 들어요'를 눌렀더니 내 트윗의 '마음에 들어요'
수가 늘었다.

트위터의 '마음에 들어요' 기능을 통해 반보성의 원리가 작용한 사례다.

반보성의 원리란?

남에게 뭔가를 받았을 때 답례하지 않으면 왠지 찝찝한 심리를 말한다. 이는 특정 문화를 가진 일부 나라에 한정되지 않으며 모든 나라의 사람이 공통으로 느끼는 심리 현상이다.

물론 선의를 악용해서는 곤란하기 때문에 상대가 좋아하는 것을 제공하는 것이 기본이다. 이 심리 효과를 활용한 협상 기술인 '도어 인 더 페이스(door in the face)'는 매우 유명하다.

도어 인 더 페이스란?

거래 조건이나 가격 교섭을 할 때 유용한, '반보성의 원리'를 활용한 협상 기술을 말한다.

---

1) 상대가 거부할 수밖에 없는 큰 요구를 제시
2) 거부하면 작은 요구(실제로 원하는 요구)를 제시

고객 입장에서 '당신이 양보했으니 나도 뭔가 보상을 해야 한다'는 반보성을 느끼게 만드는 협상 기술이다. 필자도 클라이언트와 협상할 때 많이 활용하는 방법이다.

심리 기술 ③
호감도와 신뢰를 높이는 자이언스 효과

'새로운 가전제품을 사러 갔다. 눈앞에 들어본 적 없는 회사와 유명 회사의 상품이 진열되어 있다. 성능과 가격은 똑같고 둘 다 가성비도 뛰어나다고 한다.'

위와 같은 상황이라면 어떨까? 대부분이 유명 회사 제품을 구매한다. 이 현상은 '자이언스 효과(Zajonc effect)'가 작용했기 때문이다. 자이언스 효과는 광고에서 매우 중요한 심리 효과이므로 반드시 이해하고 넘어가자.

자이언스 효과란?

'단순 노출 효과'라고도 부르며, 접촉 횟수가 늘수록 호감이 생기는 심리를 말한다. 사람은 새로운 것은 쉽게 받아들이지 못하지만 이미 알고 있는 것은 쉽게 받아들인다. 경계심을 늦추기 때문이다.

많은 기업이 돈을 들여 TV 광고를 하는 이유다. TV 광고를 하기 힘든 중소기업도 자이언스 효과를 높이기 위해 나름의 노력을 한다. 예를 들어 다음과 같은 활동은 매우 중요하다.

자이언스 효과를 높이는 활동

- 상품 안내 메일 발송 빈도 늘리기

- SNS 업로드 빈도 늘리기

- 뉴스레터 정기 배포

- 리마케팅 광고

- 전단지 배포 빈도 늘리기

정보 발송 빈도가 많으면 귀찮고 번거로워서 싫어할 것이라 생각하는 사람도 있지만, 정보 받는 것을 싫어하는 사람은 애초에 잠재 고객이 아니다. 실제로 구매를 망설이거나 고려 중인 고객은 접촉 빈도가 높을수록 호감과 신뢰를 느낀다.

심리 기술 ④
가격 표시와 앵커링 효과

대형 마트나 편의점에서 아래와 같은 표기를 많이 볼 수 있다.

정가 ~~12,800원~~ → 7,800원

일부러 이렇게 표기하는 줄 알면서도 판매 효과는 꽤 크다. 앞서 소개한 인터넷 쇼핑 사례 4를 다시 보자.

> **인터넷 쇼핑 사례 4**
> 세일 행사 때 상품 정가를 함께 표기했더니 불티나게 팔렸다.

이 쇼핑몰은 기존 행사 때는 할인 가격만 표기했다. 하지만 '정가 ○○원 → ××원'으로 표기했더니 매출이 크게 높아졌다. 앵커링 효과(Anchoring effect)라는 심리가 작용했기 때문이다.

앵커링 효과란?
최초 수치가 그 뒤의 판단에 영향을 미치는 심리 효과를 말한다. 앵커란 닻을 의미하는데, 최초의 수치가 마치 마음의 닻처럼 고정되어 '판단 기준'의 역할을 하는 효과가 있다.

'정가 12,800원 → 7,800원'과 같은 표기를 본 고객은 '정가 12,800원'이 판단 기준이 된다. 즉 할인 정도를 이해하는 지표가 되는 것이다.

가격을 표시할 때 주의점

가격 표시는 앵커링 효과를 쉽게 불러일으킬 수 있다. 특히 상품의 정가나 적정 가격을 모른다면 더 큰 효과를 발휘한다. 정가를 모르는 상품을 구매할 때는 불안감을 느끼기 때문에 제시된 가격 기준(앵커)에 의지해 그 할인 가격이 정당하다고 평가한다. 다만 정가를 속이는 부당한 가격 표시는 위법이므로 조심해야 한다.

심리 기술 ⑤
가치가 상승하는 희소성의 법칙

다음과 같은 표기를 본 적 있는가?

-50대 한정

-3개월 예약 대기

-숙박 1일 1팀 한정

얼핏 보기에도 매우 비쌀 것 같다. 왜 이런 생각이 드는 걸까? 그 이유는 '희소성의 법칙'이 작용하기 때문이다. 인터넷 쇼핑 사례 3을 살펴보자.

> **인터넷 쇼핑 사례 3**
> 추가 생산 종료라고 안내했더니 재고가 순식간에 소진되었다.

그다지 매출이 좋지 않은 상품이었는데도 추가 생산 종료라고 공지했더니 즉각 반응이 나타나면서 완판했다. 물론 재고 세일 덕을 보기도 했지만, 팔리지 않던 상품이 당일 완판되는 경우는 흔하지 않다. '희소성의 법칙'이 큰 역할을 했다고 평가할 수 있다.

희소성의 법칙이란?

'언제 어디서나 가질 수 있는 물건은 가치가 낮고, 구하기 힘든 물건일수록 가치가 높다.'라고 생각하는 것이 희소성의 법칙이다. 이 심리 효과도 카피라이팅이나 마케팅에서 강력한 힘을 발휘한다.

다음과 같이 활용할 수 있다.

카피나 마케팅에 희소성의 법칙 적용하기
- 생산 수 한정
- 판매 시기 한정
- 판매 장소 한정

희소성을 높이는 방법은 여러 가지가 있지만, 기본 원리는 '좀처럼 구하기 힘든 물건'이라는 인식을 주는 것이다.

심리 기술 ⑥
일부러 비싸게 파는 베블렌 효과

소중한 친구에게 줄 선물을 살 때 다소 비싼 상품을 고른 적이 있을 것이다. 가치를 가늠할 수 없는 상품일 때 이런 경향을 보이는 경우가 많다. 베블렌 효과(Veblen effect)가 작용하기 때문이다. 다음 사례를 한번 더 살펴보자.

> **교육 관련 종사자 대상 세미나 사례**
> 실수로 참가비를 높게 책정했는데 오히려 신청자가 늘었다.

이 사례는 '베블렌 효과'가 강하게 작용했다.

베블렌 효과란?

가격이 높을수록 가치가 높다고 느끼는 효과를 말한다. '싼 게 비지 떡'이라는 속담과 비슷한 심리다. 가격은 상품의 품질을 대변한다. 상황에 따라서는 저렴해도 팔리지 않는 경우가 있다. 카피라이팅이나 마케팅에서 가격 설정을 검토할 때 참고하기 좋은 심리 효과다. 다음은 베블렌 효과를 기대할 수 있는 경우다.

베블렌 효과를 기대할 수 있는 경우

- 고객이 상품의 적정가를 잘 모를 때

- 고객이 상품에 높은 가치를 기대하고 있을 때

심리 기술 ⑦
신청을 늘리는 결정 회피의 법칙

쇼핑할 때 다음과 같은 경험을 해본 적이 있는가?

- 상품이 너무 많아서 고르기 힘들다.
- 메뉴가 너무 많아서 고르기 힘들다.
- 그래서 뭐가 가장 좋은 거야?

상품의 라인업이 풍부한 것은 나쁜 일이 아니다. 하지만 상황에 따라서는 쇼핑에 방해가 되기도 한다. 왜일까? '결정 회피의 법칙'이 작동하기 때문이다. 컨설턴트의 사례를 다시 살펴보자.

> **컨설턴트 사례**
> 지금까지 컨설팅 코스를 5종류로 나눠서 안내하다가 2종류로 줄이고 "어느 쪽으로 하시겠습니까?"라고 묻는 식으로 상담을 진행하니 신청자가 늘었다.

고객을 위해 다양한 코스를 준비했지만, 오히려 이것 때문에 신청 수가 줄었다. 이런 사례는 쉽게 찾아볼 수 있다. 만약 상품의 라인업이 많다면 결정 회피의 법칙이 작용할 수 있다는 것을 인지하고 이에 대처해야 한다.

결정 회피의 법칙이란?

사람은 선택지가 너무 많으면 고르기 힘들어한다. 선택지가 많으면 실패하지 않겠다는 심리가 강해지기 때문이다. 선택지가 많아도 쉽게 결정하는 사람이 있지만 이런 경우는 아주 드물다. 대다수는 선택지가 너무 많으면 필요 이상으로 고민하고 결정을 망설인다.

다만 결정 회피의 법칙이 언제나 반드시 효과를 거둘 수 있는 심리 기술은 아니다. 상황에 따라 상품 수가 많은 것이 더 효과적인 경우도 있다. 따라서 선택지를 줄이는 결정은 테스트를 거쳐 신중하게 해야 한다.

상품 랭킹 보여주기

어떤 빵 가게는 매장 앞에 판매 순위를 게재하고 난 후부터 매출이 늘었다고 한다.

다음에 설명할 밴드왜건 효과도 작용한 결과지만, 고객이 사야 할 상품을 제시해 결정 회피의 법칙을 깨뜨려 판매에 성공한 사례이기도 하다.

추천 상품 소개하기

어떤 인터넷 쇼핑몰은 3가지 상품을 소개하는 페이지에서 인기 상품에 '추천'이라고 넣었더니 그 상품의 매출이 2배 뛰었다고 한다.

무엇을 사야 하는지 고지해 주는 것도 결정 회피의 법칙을 깨뜨릴 수 있는 방법이다.

'어떻게 하시겠습니까?'보다 '어느 쪽으로 하시겠습니까?'

앞서 소개한 컨설턴트 사례에는 또 다른 중요한 심리 기술이 작용했다. 바로 '어느 쪽으로 하시겠습니까?'라는 질문법이다.

이는 사실 유명한 클로징 기술인데, '어떻게 하시겠습니까?'가 아니라 '어느 쪽으로 하시겠습니까?'라고 물었을 때 성공 확률이 더 높다. 이 한 마디로 '구매 결정 심리'가 '선택 결정 심리'로 바뀌기 때문이다.

심리 기술 ⑧
결정적인 한 수, 밴드왜건 효과

여러분이라면 다음 2가지 칫솔 중에 무엇을 선택하겠는가?

A. 우리나라 사람 80%가 선택한 칫솔

B. 우리나라 사람 20%가 선택한 칫솔

당연히 A라고 답변했을 것이다. 캐치 카피 편에서 '사회적 증명'에 대해 설명했듯이, 사람은 다수가 선택한 것에 가치를 느낀다. 이 심리 효과를 밴드왜건 효과(Bandwagon effect)라고 한다. 인터넷 쇼핑 사례 2를 보면, 밴드왜건 효과를 노린 단 한 마디로 반응이 바뀌기도 한다.

> **인터넷 쇼핑 사례 2**
> 상품 소개 페이지에 '○○명이 구매'라고 한 마디 추가했더니 구매자 수가 갑자기 확 늘었다.

이 케이스는 원래 매출이 좋았던 상품 페이지에 '○○명이 구매'라는 말을 추가했다. 이 말이 그 상품의 가치를 알고 있는 사람에게 밴드왜건 효과를 불러일으키는 결정적인 한 마디가 된 것이다.

이처럼 '사회적 증명'을 내세우면 밴드왜건 효과가 상승하기 때문에 인기 좋은 상품을 더 많이 판매할 수 있다. 다음은 밴드왜건 효과와 함께 알아두면 좋은 심리 효과다.

스노브 효과(Snob effect)

차별과 개성을 추구해서 우월감을 느끼는 심리를 말한다. 고가의 상품을 판매할 때 활용하면 효과적인 심리 기법으로, 희소성도 중요한 역할을 한다.

윈저 효과(Windsor effect)

제3자가 소개하는 정보를 신뢰하는 심리를 말한다. 쉽게 말하면 '입소문'이 이에 해당한다. 고객 대부분은 판매자의 메시지보다 소비자의 의견을 중시한다.

심리 기술 ⑨
매출을 올리는 가격 표시 방법

가격 표시는 광고 반응에 큰 영향을 미친다. 고객이 가장 신경 쓰는 부분이기 때문이다. 가격 표시를 어떻게 하느냐에 따라 '저렴하게 잘 샀군.' 하고 기뻐하기도, '이거 싼 거 맞아?' 하고 고개를 갸웃하기도 한다. 가격 표시 방법 2가지를 소개한다.

방법1 가격 단위 낮추기

'980원' '1,980원' '19,800원' 등과 같이 가격 단위나 숫자를 한 자리 낮춰 표기하는 방법이다.

표시 예시

정가 1,000원 → 특가 980원

정가 3,000원 → 특가 2,980원

이처럼 가격 단위나 숫자를 한 자리 낮게 책정하면 실제 가격 차이는 크지 않더라도 체감적으로 할인이 많이 되었다는 느낌이 든다. 한 가지 주의할 점은, 할인을 할 때는 상품의 가치가 훼손되지 않는 범위에서 가격을 책정해야 한다. 할인이 쉽지 않은 결정이었음을 알 수 있게 전달하는 것도 중요하다.

방법 2 저스트 프라이스(Just Price)

'500원' '1,000원' '10,000원'처럼 끝수 없이 딱 떨어지는 숫자로 가격을 표시하는 전략이다. 참고로 저스트 프라이스(Just Price)는 소비자가 얻을 수 있는 금전적 이득을 강조하는 전략이 아니다. 목적은 편안한 쇼핑이다.

예를 들어 '전 품목 3만 원'은 평소처럼 가격에 신경 쓰지 않고 상품 고르는 데만 집중할 수 있어 구매 결정을 빠르게 할 수 있는 장점이 있다. '모두 3만 원이니 이번 기회에 이것저것 쇼핑하자!'라는 심리를 기대할 수 있는 것이다. '천냥 마트' 등이 대표적인 예다.

저스트 프라이스는 음식이나 의류, 잡화 등 점포형 비즈니스에 아주 효과적인 가격 전략이다.

심리 기술 ⑩
복수의 심리 효과 활용

마지막으로 문제를 내겠다. 다음 사례를 보고 어떤 심리 효과가 작용하고 있는지 생각해 보자.(지금까지 배운 심리 효과를 사용해서 설명하자.)

문제	어떤 심리 효과가 작용하고 있을까?

사례) 빵 가게
'인당 3개까지'라는 안내 간판을 걸자 그날 매상이 크게 뛰었다. 이유는 이전보다 빵을 3개 구매하는 고객이 늘었기 때문이다.

이 사례는 2가지 심리 효과가 작용하고 있다.

- -

희소성의 법칙

'인당 3개까지'라는 안내 간판을 본 고객은 '인기가 많으니까 3개 한정이구나. 그럼 3개 다 사야지!'라고 생각한다.

- -

앵커링 효과

몇 개를 살지 결정하지 않은 고객에게 '인당 3개까지'는 구매 기준을 만들어주는 앵커링 효과를 불러일으킨다.

심리학 전문가가 보면 이외에 다른 다양한 심리 효과를 찾아낼 수 있을지도 모르겠다. 이처럼 심리 효과는 한 가지가 아니라 몇 가지가 동시에 작용하는 경우가 많다는 사실을 반드시 기억하자.

만약 앞으로 어떤 성공 사례를 알게 된다면, 눈에 띄는 하나의 심리 효과에만 주목하지 말고 다른 심리 효과도 없는지 찾아보자. 성공 사례를 내 비즈니스에도 활용할 수 있을지 가늠하는 시야를 넓혀줄 것이다.

10가지 심리 테크닉 ···

① 팔고 싶은 상품을 파는 송죽매 법칙

다양한 금액을 매길 수 있는 상품에서 일부러 판매가를 3가지로 설정하는 전략.

② '좋아요'를 늘리는 반보성의 원리

답례를 하지 않으면 찜찜한 심리.

③ 호감과 신뢰를 높이는 자이언스 효과(단순 노출 효과)

접촉 횟수가 늘수록 호감이 생긴다는 심리.

④ 가격 표시와 앵커링 효과

최초 수치가 그 뒤의 판단에 영향을 미치는 심리.

⑤ 가치가 상승하는 희소성의 법칙

구하기 힘든 물건은 가치가 높다고 생각하는 심리.

⑥ 일부러 비싸게 파는 베블렌 효과

가격이 높을수록 가치가 높다고 느끼는 효과.

⑦ 신청을 늘리는 결정 회피의 법칙

선택지를 줄이면 결정이 편해져 신청 수가 증가한다.

⑧ 결정적인 한 수, 밴드왜건 효과

사람은 다수가 선택하는 것에 가치를 느낀다.

⑨ 매출을 올리는 가격 표시 방법

- 가격 단위 낮추기

체감 할인 폭을 높이기 위해 가격 단위나 숫자를 한 자리 낮게 책정한다.

- 저스트 프라이스

편리한 쇼핑을 위해 딱 떨어지는 가격으로 표시한다.

⑩ 복수의 심리 효과 활용

심리 효과는 한 가지가 아니라 몇 가지가 동시에 작용하는 경우가 많다.

이상 살펴본 심리 효과에 대해 '나라면 그런 반응을 보이지 않아요'라는 생각을 하는 분도 있겠죠? 하지만 광고는 자기 자신이 아니라 일반 대중을 겨냥해야 한다는 사실을 간과하지 마세요. 특별한 개인이 아닌 대다수의 심리를 이해하는 것이 무엇보다 중요하답니다. 이번에 알려드린 심리 효과는 모두 유명 심리학자나 행동경제학자가 반복된 실험을 거쳐 밝혀낸 것들이에요. 한마디로 객관적인 '대중 심리'라는 거죠. 참고로 광고의 신으로 불리는 클로드 홉킨스는 "서민의 감각을 잊지 말라."라는 말을 남겼습니다.

제20장

온라인과
지면 카피의 차이

온라인과 지면 매체에서 카피는 어떻게 다른가?

기본적으로는 온라인이나 지면이나 카피가 크게 다르지는 않다. 반응이 좋은 웹페이지의 카피를 그대로 지면에 사용해서 좋은 반응을 내는 경우도 많다. 물론 반대의 경우도 있다. 또는 웹페이지의 카피를 짧게 편집해서 A4 사이즈의 오프라인 전단지나 우편물에 반영해 반응을 얻기도 한다.

온라인이든 지면이든 소구, 캐치 카피, 보디 카피 등 기본적인 구성은 똑같다. 매체가 달라도 언어로 뭔가를 전달한다는 본질은 변함없기 때문이다. '팔리는 카피'는 모든 매체에서 효력을 발휘한다.

> 다만 온라인과 지면은
> 다음의 3가지 차이가 있다는 사실을 알아둡시다.

온라인과 지면 매체의 차이점 3가지

- 레이아웃과 디자인
- EFO
- 배너 광고

레이아웃과 디자인

온라인의 경우

이제 '스마트폰 퍼스트'라는 말이 낯설지 않다. 이는 광고 문장이나 레이아웃을 구상할 때 PC보다 스마트폰을 우선한다는 의미다. 시대에 따라 사용자 비중이 큰 단말기는 변해왔다. 그에 따라 광고를 효과적으로 전달할 수 있는 레이아웃과 디자인도 함께 바뀌어왔다.

스마트폰의 경우에는 작은 화면에서도 읽기 쉬워야 하고, 스크롤을 내리지 않아도 읽는 사람을 매료시킬 수 있어야 한다. 참고로 오늘날의 웹디자인은 반응형(PC와 스마트폰에 모두 최적화된 디자인)이 반드시 필요하다.

지면의 경우

지면 매체는 온라인과는 달리 공간이 한정적이다. 그래서 레이아웃과 디자인이 쉽지 않다. 실력이 뛰어난 디자이너에게 맡기는 것이 가장 좋은 방법이지만 스스로 감당해야 하는 경우도 있다. 직접 디자인을 해야할 때는 다음과 같은 순서로 진행하면 도움이 된다.

직접 디자인을 할 때 도움이 되는 3단계

1단계 먼저 문서 작성 프로그램(한글, 워드 등)으로 카피를 완성한다.

2단계 레이아웃을 구상한다.

3단계 최종적으로 장식 등 디자인 요소를 가미한다.

카피를 쓰기 전에 레이아웃부터 구상하기도 하지만, 이러면 처음부터 제한된 공간을 고려해서 카피를 작성해야 하므로 카피의 품질이 떨어질 수 있다. 참고로 레이아웃을 구상할 때는 경쟁 광고를 흉내 내는 방법도 생각할 수 있다.

EFO

온라인의 경우

온라인에서 뭔가를 신청할 때 다음과 같은 경험을 해본 적이 있는가?

- 입력 항목이 너무 많아 귀찮다.
- 입력 실수를 반복해서 짜증난다.
- 입력 방법이 알기 어렵다.

이런 스트레스를 1%라도 줄이기 위해 EFO(Entry Form Optimization. 입력 양식 최적화)가 존재한다. 입력 항목을 최소화해서 가능한 한 짧은 시간에 정확히 신청할 수 있도록 최적화하는 방법이다.

광고에서는 번거로운 신청 때문에 이탈하는 사람이 많으므로 매우 중요한 개념이다. 신청 시스템이나 결제 수단의 발전으로 크게 바뀌고 있는 분야이긴 하지만, 아래 기본 사항은 숙지하도록 하자.

① 반응형 디자인

스마트폰에서 볼 때 PC용 입력 양식이 표시되는 사이트를 볼 수 있는데, 이렇게 되면 입력란이 작아지므로 매우 불편하다. 단말기에 따라

적절한 신청 양식이 표시되도록 하자.

② 불필요한 항목 삭제

입력 항목이 너무 많으면 귀찮아서 이탈하는 고객이 생긴다. 입력 양식은 필수 항목으로만 구성하자. '생일' '직업' '가족 구성' '비고란' '앙케이트' 등 신청에 불필요한 요소가 없는지 검토하자.

이메일 주소 확인 창도 대부분 복사해서 붙여넣기 때문에 필요 없다. 항목을 늘리려고 하지 말고 철저히 줄이겠다는 생각을 해야 한다.

③ 고객 정보 수집은 2단계로 분리

생일 캠페인을 위해 생년월일 항목이 필요하다면 신청이 완료되고 나서 별도로 요구해도 된다. 첫 신청 화면은 최소한의 정보만 입력하도록 하고, 그 외 정보는 신청 후에 등록하는 흐름이 적절하다.

④ '필수' 표시하기

이름이나 연락처 등 필수 입력 항목에는 입력란 옆에 '필수'라고 표시하자. 고객은 필수 항목 입력 누락 때문에 정보를 다시 입력해야 하는 상황이 생기면 귀찮음을 느끼고 그 시점에서 바로 이탈하는 경우가 많다.

⑤ 주소 자동 입력

요즘은 거의 모든 곳에서 자동으로 입력되긴 하지만, 혹시 아직도 주소를 직접 쓰는 경우가 있다면 주소가 자동적으로 입력되도록 하자. 주소 입력은 꽤 귀찮은 일이기 때문에 스트레스를 느끼기 쉬운 작업이다. 주소가 자동으로 입력된 후 세부 주소를 쓰는 칸도 마찬가지다. 주택인 경우동·호를 입력할 필요가 없기 때문에 세부 주소 칸을 채우지 않더라도 다음 단계로 넘어갈 수 있게끔 만들자.

⑥ 불필요한 링크 삭제

신청 양식에 다른 상품이나 페이지로 이동하는 링크를 넣으면 이탈이 많아진다. 다른 페이지로 이동하고 나면 다시 돌아오지 않는다. 신청 양식 페이지는 상품 신청에만 집중할 수 있도록 하자.

⑦ 기존 고객 입력 생략

아마존을 비롯한 많은 쇼핑몰에서는 한번 구매한 고객은 다음부터 개인 정보를 입력하지 않아도 간소한 확인만으로 구매가 가능하다. 이런 간편함은 재구매율을 높인다.

⑧ 신청 소요 시간 고지

'등록 10초' '1분이면 신청 가능'과 같이 눈에 띄는 곳에 신청까지 걸리는 시간을 안내한다. 고객 대부분은 신청에 시간을 쓰고 싶지 않기 때문에 스트레스를 줄일 수 있다. 단 실제로 단시간에 신청을 할 수 있는 경우에만 유효한 방법이다.

⑨ 입력 예시 표시

각 항목 옆에 입력 예시를 표시해 두자. 예시가 있으면 큰 고민 없이 입력할 수 있고 실수도 줄일 수 있다.

입력란에 예시를 표시하면 이탈 방지에 효과가 있다

우편번호 검색[필수]: (예시: 101-110)

기본 주소[필수]:

상세 주소: (예시: 101동 1001호)

휴대전화[필수]: (예시: 010-1234-1234)

지면의 경우

온라인에 비하면 지면 매체는 한계가 있지만, 다음 기술을 익혀두면 도움이 된다.

① 기존 고객용

이미 고객 정보를 알고 있는 경우 아래 예시처럼 고객 정보를 인쇄한 상태로 신청 용지를 동봉하면 편리하다.

> **이름** ○○○　　　　　　**전화번호** 010-0000-0000
> **우편번호** 12345
> **주소** ○○시 ○○구 ○○로 12 501호
> **Email** tomegoro@gmail.com
> **상품번호** SJK001　　　　**상품명** 여러분의 머리는 분명 새로 자랍니다
> **상품구성** DVD 3장(러닝타임: 137분) + 스페셜 DVD 1장(러닝타임: 17분)
> **가격** 169,800원(세금포함 180,678원)　　　**배송료** 무료
> **결제방법** 현장 결제(수수료 무료)
> **보증** 60일간 환불 보증

② 전단지

전단지를 보고 신청할 때는 전화가 일반적이다. 다만 전단지를 보고 흥미가 있으면 온라인에서 상세히 찾아본 뒤에 신청하는 사람도 많다. 따라서 홈페이지 주소나 QR코드, '자세한 내용은 ○○에서 검색' 등을 함께 노출하도록 하자.

배너 광고

배너는 온라인에 특화된 광고다. 형식은 매우 다양하지만 크게 텍스트 배너와 이미지 배너로 나눌 수 있다. 텍스트 배너는 어디가 캐치 키피인지 파악해 두자. 가장 눈에 띄는 부분이 어떻게 되어 있느냐에 따라 CTR이 좌우된다.

이미지 배너의 경우 카피보다는 이미지가 CTR에 영향을 준다. 배너의 텍스트와 이미지는 아래와 같이 유형별로 다르게 사용하는 게 좋다.

[타깃 유형별] 배너 광고의 텍스트와 이미지

A형 타깃이 목표인 경우

텍스트 상품명과 매력적인 오퍼

이미지 매력적인 상품 이미지

B형 타깃이 목표인 경우

텍스트 상품명, 매력적인 오퍼, 차별점, 베네핏 등

이미지 매력적인 상품 이미지 또는 베네핏 관련 이미지

※ B형 타깃은 구매를 망설이는 고객이기 때문에 몇 가지 패턴의 광고를 준비해 테스트를 해볼 필요가 있다.

배너 텍스트는 '자이가르닉 효과'가 생명

궁금증을 자아내는 카피가 아니면 클릭을 유도할 수 없다. 자이가르
닉 효과가 높은 표현을 구사하자. A형 타깃이 목표라도 다음과 같은 표현
이 필요하다.

예시) 입시 전문 학원
○○학원의 여름방학 강의가 무료
→ 왜 ○○학원의 여름방학 강의가 무료일까?

의상은 인터넷 쇼핑몰에서 구입

온라인과 지면은 다르지 않다 ·····································

- 매체가 달라도 말로 뭔가를 전달한다는 본질은 변함없다.

- 팔리는 카피는 온라인이든 지면이든 상관없이 반응이 좋다.

- 다만 온라인과 지면 매체 특유의 차이는 이해하고 있어야 한다.

온라인과 지면 매체의 차이점 3가지 ·····························

- 레이아웃과 디자인

- EFO

- 배너 광고

레이아웃과 디자인의 차이 ···

- 온라인은 단말기별 표시를 최적화할 수 있는 반응형 디자인이 필수다.

- 지면은 공간이 한정적이기 때문에 레이아웃이 중요하다. 단, 레이아웃부터 구상하지 않는다.

EFO

온라인 구매 신청을 보다 손쉽고 정확하게 완료하기 위한 방법을 말한다.

① 반응형 디자인

② 불필요한 항목 삭제

③ 고객 정보 수집은 2단계로 분리

④ '필수' 표시하기

⑤ 주소 자동 입력

⑥ 불필요한 링크 삭제

⑦ 기존 고객 입력 생략

⑧ 신청 소요 시간 고지

⑨ 입력 예시 표시

배너 광고

- 텍스트 배너는 어디가 캐치 카피인지 파악해 두자.

- 이미지 배너는 카피보다는 이미지가 CTR에 영향을 준다.

- 광고 소재는 타깃 유형별로 구상한다.

- 배너는 자이가르닉 효과를 높일 수 있어야 한다.

5초면 충분하다!
팔리는 카피 쓰는 요령
100가지

트위터에 팔리는 카피 요령을 공유하고 있다. 1년 동안 200가지 정도를 업로드했는데, 그중에 많은 사람이 공감을 해준 글을 100가지 엄선했다. 이 책에서 설명하는 표현과 다른 내용도 있지만 각각 5초 정도면 이해할 수 있다. 틈날 때마다 읽어보기 바란다. 복습도 되고, 팔리는 카피를 쓰기 위한 감각을 단련할 수도 있다.

1. 오감에 호소하자

카피 1 '많은 고객을 확보할 수 있어요'
카피 2 '신청 전화벨 소리가 끊이지 않아요'

카피 1은 베네핏을 언급했을 뿐이다. 카피 2는 베네핏을 시각·청각적 이미지로 표현했다. 오감(시각, 청각, 촉각, 미각, 후각)을 자극하는 카피는 베네핏을 더욱 매력적으로 전달할 수 있다.

2. 타깃 좁히기는 '지름길 찾기'

'타깃을 좁히면 고객이 줄어든다'라고 생각하는 사람도 많은데 괜한 걱정이다. 만약 불특정 다수가 선택하는 상품이라면 이미 불티나게 팔렸을 테니 말이다. 그렇다면 타깃을 좁히는 이유는 뭘까? 당신의 장점을 누구보다 잘 이해해 줄 수 있는 사람이지만 아직 당신을 알지 못하는 사람과 만나기 위한 지름길을 찾는 것이다.

3. 가격 표시 기술

'10,000원 → 9,800원'과 같이 가격을 천 단위에서 백 단위로 조정할 수 있다면 약간의 손해는 감수해도 좋다. 금액 단위가 바뀌면 적은 할인율이라고 해도 큰 금액으로 느껴진다. 약간의 할인이 매출 극대화로 이어지는 경우도 있다. 할인이 나쁘다고 생각하는 전문가도 있지만 어떻게 활용하느냐에 달렸다.

4. 같은 의미지만 전달력 10배 증가

보통 '재구매율 90%'보다 '10명 중 9명이 재구매'라는 표현에 더 가치를 느낀다. 같은 의미지만 읽는 이가 실감할 수 있는 표현으로 바꾸면 전달력이 10배는 더 좋아진다.

5. 예방 관련 상품을 파는 힌트

"이렇게 될 때까지 왜 방치한 거죠?" 하고 의사에게 혼나는 부모라도 누구보다 자식이 건강하기를 바란다. 이것이 예방 관련 상품을 판매하는 힌트다. 즉 '사랑하는 사람을 지킬 수 있다면 예방에 큰 가치를 느낀다'라는 의미다. 고객을 단순히 돈벌이로만 생각하면 시야가 좁아진다.

6. 솔직한 의견을 듣는 방법

남의 의견을 구할 때 "이거 어때요?"라고 묻지 말자. 대부분은 별로 생각하지 않고 "괜찮네요."라고 거짓말을 하기 때문이다. 하지만 2가지를 준비해서 "어느 쪽이 좋아요?"라고 물으면 대부분 솔직하게 말해준다. 이 방법은 다양한 상황에서 사용할 수 있다.

7. '무엇을 어떻게 쓸 것인가?'보다 중요한 것

'무엇을 어떻게 쓸 것인가?'가 아니라 '누구에게 무엇을 말할 것인가?'를 생각하자. 이 의미를 올바르게 이해하고 실천하면 카피 반응이 달라진다.

8. 단 한 사람을 움직이자

결혼식 피날레를 떠올려 보자. 신부가 부모님께 감사의 편지를 낭독한다. 친척이 아니라도 자신의 부모나 아이가 떠올라 눈시울이 붉어진다. 카피라이팅도 마찬가지다. 단 한 사람을 위한 카피가 근처에 있는 100명의 마음을 울린다. 모든 사람을 위한 카피는 99명을 그냥 스쳐 지나간다.

9. 베낀 카피의 문제점 ···

잘 팔리는 타사의 카피를 베낀다고 능사가 아니다. 카피라이팅 이외의 마케팅이나 브랜딩, 오퍼, 상품 품질 등이 다르기 때문이다. 눈앞의 이익만 추구해서는 성과를 낼 수 없다. 이 점을 이해하지 못하면 영원히 팔리지 않는 세계에서 벗어날 수 없다.

10. 상품 인지도에 따라 달라지는 카피 ·······························

같은 상품이라도 인지도에 따라 카피를 바꿔야 한다. 예를 들어 잘 알려진 상품을 너무 갖고 싶은 고객이라면 좋은 조건을 내세운 카피가 효과적이다. 검토 중인 고객에게는 차이점을 어필하는 카피가 효과적이다. 그리고 뭔가를 해결해야 하는데 상품을 알지 못하는 고객에게는 해결책을 제시하는 카피가 효과적이다.

11. 문장력이나 표현력만으로는 팔리지 않는다 ·······················

문장력이나 표현력만으로 상품을 팔려고 하면 실패할 가능성이 높다. 고객은 뛰어난 문장에 돈을 지불하는 것이 아니라 뛰어난 제안에 돈을 지불한다. 문장력이나 표현력에 흥분하는 사람은 동업자뿐이다. 고객이 무시할 수 없는 '뛰어난 제안'이 먼저다.

12. 베네핏 사고법 ···

베네핏이란 상품이나 서비스로 얻을 수 있는 즐거운 미래다. 베네핏이 없는 카피는 팔 생각이 없는 카피와 다름없다. 카피에는 베네핏이 있어야 한다. 만약 베네핏이 생각나지 않는다면 상품의 특징이나 메리트에 '그렇다면?' '왜 그게 필요하지?'와 같은 질문을 이어나가 보자. 이렇게 하면 여러 가지 베네핏을 생각해 낼 수 있다.

13. 상식적인 소비 행동 패턴 ·····················

'카피를 쓸 때 고객의 의견이 필요한가?'라는 설문 조사를 해본 적이 있는데 불필요와 필요가 절반씩 나왔다. 놀라운 경험이었다. 다들 한번쯤 상품 리뷰를 읽어본 적이 있을 텐데 말이다. 지나치게 많은 요소를 고려하는 것은 금물이다. 상식적인 소비 행동 패턴만 떠올려봐도 광고에 무엇이 필요한지 알 수 있다.

14. 심리 기술의 허점 ① ·····················

'읽지 마세요'라고 하면 꼭 읽고 싶다. 이는 '칼리굴라 효과'를 활용한 심리 기술이다. 금지 명령은 호기심을 자극한다. 하지만 이어지는 문장에서 흥미를 유발하는 제안이 없다면 더는 읽지 않는다. 눈앞의 심리 기술에만 현혹되면 팔리는 카피를 쓸 수 없다.

15. 심리 기술의 허점 ② ·····················

'어떻게 하겠습니까?'보다는 '어느 쪽으로 하겠습니까?'라고 묻는 편이 더 잘 팔린다. '구매 결정 심리'가 '선택 결정 심리'로 바뀌기 때문이다. 이는 유명한 클로징 기술이지만, 실제로는 어떨까? 애초에 원하지 않는 물건이라면 아무리 선택지를 줘도 '뭘로 할까?' 하고 고민하는 고객은 없다. 심리 기술은 상황에 맞게 활용해야 한다.

16. 팔기 전부터 빛이 난다 ·····················

카피라이터인 친구와 자주 하는 이야기인데, 팔리는 상품은 카피를 쓰기 전부터 환하게 빛이 난다. 어디서 빛이 나는지 모르겠지만, 상품 뒤로 즐겁게 웃는 사람들의 얼굴들이 겹쳐 보이는 느낌이다.

17. 서민의 감각을 잊지 말라 ···

10년도 더 된 이야기다. 어떤 광고에서 환불 수수료를 7,350원에서 0원으로 바꿨더니 반응이 2배(CVR 7% → 14%) 뛰었다. 타깃은 주로 병원장들이었는데 부유층조차도 7,350원을 아까워하는 사람들이 많았다. '서민의 감각을 잊지 말라'라는 말은 카피라이터의 전설로 불리는 클로드 홉킨스의 가르침이다.

18. 남김없이 전달하라 ··

23년 만에 기타 잡지를 산 적이 있다. 단 6쪽짜리 악보를 보려고 샀다. 겨우 여섯 페이지에 10,000원을 지불한 것이다. 고객은 상품의 사소한 부분에 강한 흥미를 갖고 상품을 구매하는 경우가 있다. 광고계에서는 잘 알려진 현상이다. 카피를 쓸 때는 상품에 관한 내용들을 남김없이 전하겠다는 자세가 필요하다.

19. 베네핏을 노출하라 ···

예전에 필자는 뼛속까지 아날로그형 인간이라 집에 PC가 없었다. 물론 인터넷도 안 됐었다. 그러던 필자가 아들과 옛날 애니메이션 보는 맛에 빠져 무선 인터넷 가입을 신청했다. 매력적인 베네핏(정말로 원하는 것)이 있다면 아무리 엉덩이가 무거운 사람도 움직이게 만든다.

20. 팔리지 않는 이유 ···

수년 전에 1년 동안 108명을 무료로 컨설팅해 주는 일을 했다. 거의 전원이 '어떻게 써야 팔리나요?'라는 질문을 했지만, 대부분은 문장 표현에 큰 문제가 없었다. 그럼에도 컨설팅이 필요했던 이유는 '팔리는 제안'을 찾아볼 수 없었기 때문이다. 카피라이팅은 '팔리는 제안'을 구상하는 것이 일이다. 구상이 8할이고 쓰기가 2할이다.

21. 약점이 강점으로 바뀌는 경우 ·······························

판매자가 생각하는 상품의 강점이 팔리는 이유가 아닐 수도 있다. 때로는 약점이 강점이 되기도 한다. 주말 번화가에서 1초라도 빨리 한잔하고 싶은 사람이 북적이는 술집을 찾을 이유는 없다. '고객이 적다 → 바로 자리가 있다'와 같은 발상의 전환도 필요하다.

22. 동종 업계의 클레임은 환영 ·······························

동종 업계가 싫어하는 카피가 반드시 나쁜 건 아니다. 오히려 이런 광고가 반응이 높다. 동종 업계가 세상에 감추고 싶은 것을 '우리는 이런 짓 안 해요'와 같이 시원하게 밝히는 카피가 관심을 받는다. 물론 사실에 근거해야 한다.

23. 아무리 해도 팔리지 않는다면? ·······················

좀처럼 상품이 팔리지 않을 때, 카피라이팅이나 마케팅을 강화하기 전에 반드시 거쳐야 할 과정이 있다. 바로 '경쟁사보다 부족한 점'을 솔직하게 인정하는 일이다. 그런데 만약 부족한 점을 하나도 찾지 못했다면? 그건 오만이 아니라 '리서치'가 부족한 것이다. 알아야 할 것들을 알지 못하는 상태일 뿐이다.

24. '당일 취소 가능'에서 배운 점 ·······················

5년 전에 세미나 참가자를 모집하는 카피를 쓴 적이 있다. 제법 신경을 썼는데도 불구하고 반응이 형편없었다. 그래서 '당일 취소 가능'을 추가했더니 금세 만석이 되었다. '당일 취소 가능'의 효과에 깜짝 놀랐지만, 사실 애초에 반응이 낮았던 진짜 이유는 세미나의 날짜였다. 광고 효과를 정확히 분석하는 일은 매우 중요하다.

25. 인터넷 리서치의 허점

카피라이팅에서 리서치는 매우 중요하다. 주로 인터넷 리서치를 많이 할 텐데, 이때 '확증 편향'을 주의해야 한다. 확증 편향이란 주장을 뒷받침하기 위해 한쪽으로 치우친 정보만 수집하는 경향을 말한다. 인터넷 리서치는 많은 정보를 찾을 수 있는 반면 확증 편향에 빠질 위험도 높다.

26. 좋은 표현은 간결하다

고객은 멋진 문장 표현이나 아름다운 디자인에 감동해서 돈을 지불하지 않는다. 원하는 것(베네핏)을 갖기 위해 돈을 지불한다. 멋진 카피나 디자인은 베네핏을 매력적으로 표현한다. 그리고 그 표현은 대부분 놀랄 만큼 간결하다.

27. 카피 랭킹

99위 자기 자랑

4위   의미가 통하는 말

3위   궁금증을 유발하는 말

2위   잊을 수 없는 말

1위   누군가에게 알려주고 싶은 말

3위 혹은 2위 정도의 카피도 괜찮지만, SNS에서 입소문을 내려면 1위를 목표로 삼아야 한다.

28. 새로운 아이디어를 도출하는 방법

'알고 계셨나요?' '실은 이런 방법이 있습니다'와 같은 표현을 활용해서 카피를 구상하면 새로운 아이디어가 떠오르는 경우가 많다. 지금까지 생각지 못한 새로운 타깃을 발굴할 수도 있다. '이런 방법'은 '이런 활용법'으로 바꿔도 좋다.

29. 실수를 줄이는 전달법 ··

커뮤니케이션 강사가 말하기를 '그에게 전달했나요?'보다 '그가 이해했나요?'라고 묻는 것이 커뮤니케이션 실수를 줄일 수 있다고 한다. 사소한 뉘앙스 차이지만 후자가 더 확실한 어법이다. 이는 카피를 쓸 때도 고려해야 할 점이다.

30. 브랜딩, 포지셔닝, 마케팅 ··

이 3가지는 구별하기 쉽지 않은 용어지만 간단히 설명하면 다음과 같다.

브랜딩
→ 'ㅇㅇ라고 하면?'라고 물었을 때 상품명(고유명사)을 답하도록 하는 활동
포지셔닝
→ 브랜딩에 필요한 차별화
마케팅
→ 판매가 아니라 갖고 싶어 하는 사람을 늘리는 일

31. 이름을 크게 싣지 마라 ··

상품명, 회사명을 캐치 카피에 크게 노출해도 괜찮은 경우는 다음과 같다.

① 그 상품을 구매할 마음이 있는 사람이 많다.
② 또는 눈앞에 있다.
③ 그 이름을 인지시키는 것이 목적인 광고다.

이외의 경우 이름을 크게 표시하는 것은 실패의 지름길이다. 베네핏이 우선이다.

32. 단 두 글자로 매출 늘리는 법

가장 많이 팔고 싶은 상품에 '추천'이라고 써두기만 해도 매출이 늘어난다. 구매를 망설이다가 결국 사지 않는 고객의 반응을 이끌 수 있으며 다른 상품을 구매한 고객이 추가로 사게 만드는 효과도 있다. 다만 추천 상품은 실제로 반응이 좋은 상품이어야 하며 비싼 상품이어서는 안 된다.

33. 뭐든 상관없으니 '최고'

세계에서 가장 높은 산이 에베레스트산이라는 것을 아는 사람은 많다. 그러나 '두 번째로 높은 산은?'이라고 물으면 답할 수 있는 사람이 얼마나 될까? '넘버원' '온리 원'은 상품을 인지시키는 중요한 역할을 한다. 상품을 분석할 때 사소한 것이라도 최고라고 내세울 만한 부분이 없는지 철저히 확인하자.

34. 술술 써지는 3가지 질문

① 왜 그 상품이 필요한가?
② 왜 그 상품이 아니면 안 되는가?
③ 왜 지금 당장 사야 하는가?

만약 1분 이내에 답변할 수 있다면 카피를 술술 쓸 수 있다. 조금이라도 답변하기 어렵다면 카피를 쓰기 전 구상하는 단계에서 뭔가 부족함이 있다는 증거다.

35. '직감'을 무시하지 말라

때로는 직감에 의존해도 괜찮다. 경험과 지식을 겸비한 사람이라면 직감으로 최단 시간에 최고의 해답을 찾을 때가 있다. 아무리 광고에 문외한일지라도 클라이언트(판매자)의 직감을 무시해서는 안 된다. 그들은 해당 업계와 상품, 고객에 관해 엄청나게 많은 것을 알고 있다. 판매자의 시각도 간과해서는 안 된다.

36. '물음표'로 바꾸면 읽고 싶어진다

느낌표가 어울리는 캐치 카피는 좋지 않다고 했다. 메가폰으로 외치면 귀를 막고 싶은 것과 비슷한 느낌이다. 물음표로 끝맺는 표현은 조금 더 읽고 싶은 마음이 생긴다. 예를 들면 '정말 끝내줘요! → 끝내주는 이유는?'처럼 말이다. 전달에 주안점을 둔 표현이 아니라 알고 싶게 만드는 표현이 효과적이다.

37. 왜 3가지 이유인가?

사람은 '3'이라는 숫자에 안정감을 느낀다. 3을 카메라 삼각대처럼 물리적 안정성을 확보할 수 있는 숫자로 인식한다. 카피에서 자주 볼 수 있는 '3가지 이유'도 이런 심리적인 효과를 노린 것이다. 참고로 이유가 너무 많으면 억지스럽다고 느낄 수 있으니 주의하자.

38. 경쟁 광고 리서치 방법

경쟁 광고를 조사할 때는 카피나 디자인 등 광고 소재에 지나치게 의식하지 말자.

- 타깃 설정
- 메인 베네핏
- 오퍼

위 3가지를 정리해서 차별화할 전략을 짜는 것이 중요하다. 타사의 광고 소재만 분석해서는 정작 중요한 부분을 놓칠 수 있다.

39. 캐치 카피 표현법은 심리 효과와 세트로 기억하자 ··················

캐치 카피의 표현법을 단순히 카피 만드는 수단으로만 사용하기에는 뭔가 아쉽다. 심리 효과와 세트로 기억하면 손쉽게 상황을 이해할 수 있어 편리하다.

- '○○인 여러분께' → 칵테일 파티 효과
- '○○는 ××하지 말라' → 칼리굴라 효과
- '왜 ○○인가?' → 자이가르닉 효과
- '혹시 ○○인가요?' → 바넘 효과

※바넘 효과(Barnum effect): 누구에게나 적용할 수 있는 애매한 내용도 '자신의 일'로 믿으려는 심리를 말한다. 예를 들어 운세를 볼 때 이런 심리가 작용한다.

40. 좋은 카피를 만드는 11가지 체크리스트 ··················

작성한 카피를 브러시 업(수정 및 편집)할 때 아래 체크리스트를 활용하면 완성도를 높일 수 있다.

① 중복되는 말은 다른 표현으로 바꾸기
② 구체적으로 말하기
③ 불필요한 말 지우기
④ 한자어 줄이기
⑤ 숫자로 표현하기
⑥ 의미 없는 형용사 줄이기
⑦ 긴 문장은 짧은 문장으로 나누기
⑧ 이유는 3가지로 한정하기
⑨ 다른 형태로 문장 끝맺기(같은 형태는 최대 2회 연속)
⑩ 소제목만 훑어봐도 이해할 수 있게 구성하기
⑪ 간결하게 작성하기

41. 어려운 것을 알기 쉽게 전달하는 방법

어려운 것을 알기 쉽게 전달하려면 어떻게 해야 할까?

① 상품명 지우기

② 특징이나 기능, 메리트 지우기

③ '즐거운 미래'만 이야기하기

예를 들면 다음과 같다.

치아 손상 없이 충치를 미네랄로 살균하는 미국의 새로운 치과 치료 기술

→ '통증 없는 충치 치료'

42. 마지막까지 읽게 만드는 방법

마지막까지 읽게 만들려면 곳곳에 '구멍'을 파 글을 미완성으로 만들자. 이렇게 하면 읽는 이는 구멍을 메우려고 안달을 낸다. 이게 바로 자이가르닉 효과다. 물론 글쓴이는 뚫린 구멍을 잘 메워야 할 의무가 있다.

43. 팔리는 캐치 카피 9가지 체크리스트

캐치 카피를 수정할 때 다음 체크리스트를 따르면 완성도를 높일 수 있다.

① 한 명을 대상으로 썼는가?

② 우수한 제안을 담았는가?

③ 베네핏을 떠올릴 수 있는가?

④ 의외성이 있는가?

⑤ 얼핏 보고도 3초면 전달되는가?

⑥ 느낌표가 아니라 물음표에 어울리는 표현인가?

⑦ 계속 읽도록 궁금증을 유발하는가?

⑧ 회사명이나 상품명이 꼭 필요한가?

⑨ 기억에 남을 한 마디가 있는가?

44. 숫자를 사용한 표현은 강하다 ································

숫자를 잘 활용하면 내용을 쉽게 전달할 수 있다.

- 아주 큰 나라 → 우리나라보다 10배 큰 나라
- 예약 대기 → 3개월간 예약 대기
- 재구매 속출 → 10명 중 9명이 재구매

　　요령은 가능한 한 구체적인 숫자를 제시하는 것이다. 읽는 이가 가치를 느낄 수 있는 숫자로 표현하자.

45. 베네핏이 주인공인 문장 ································

- '이런 특징이 있다' + '그래서 이런 즐거운 미래를 가질 수 있다'
- '이런 즐거운 미래를 가질 수 있다' + '왜냐하면 이런 특징이 있기 때문이다'

　　위 둘 중 하나를 의식해서 쓴 카피는 좋은 반응을 거둘 수 있다. 읽는 사람이 원하는 베네핏(즐거운 미래)이 주인공인 카피이기 때문이다.

46. 베네핏이 주인공인 문장 구성 ································

다음과 같은 흐름으로 문장을 구성하면 적절한 카피가 된다.

① 어떤 사람이 어떻게 되는가? → 즐거운 미래를 매력적으로 이야기한다.
② 그것이 이뤄지는 이유는? → 특징이나 메리트, 가치를 증거로 이야기한다.
③ 최고의 해답은? → 다른 상품이 아닌 이 상품이 베스트인 이유

47. 카피가 안 써지는 이유? ···

카피가 안 써져서 고민이라면 자신에게 다음 질문을 해보자.

- 나는 누구에게 무엇을 이야기하고 싶은가?
- 왜 그것을 이야기하고 싶은가?

　카피가 안 써지는 진정한 이유를 깨닫자.

48. 진짜 타깃 찾기 ···

동화 《성냥팔이 소녀》의 주인공은 누구일까? 당연히 '성냥팔이 소녀'라고 답하
는 사람이 일반적이다. 하지만 카피를 공부한 사람이라면 '자신의 아이에게 책을
읽어주고 싶은 부모'라고 진지하게 말할지도 모른다. '누가 구매하는가?'라는 시
점으로 세상을 바라보기 때문이다.

49. 장점 확실히 전달하기 ···

유명한 회사에서 많은 시간과 돈을 들여 개발한 감기약도 '목 통증 완화에 효과'
라고 카피를 쓰지 않으면 실제로 목이 아픈 사람에게 어필할 수 없다. 장점은 적극
적으로 보여주자.

50. 약점을 강점으로 바꾸는 방법 ·································

약점을 강점으로 바꾸려면 어떻게 해야 할까? 다양한 방법이 있지만, '해당 약점
을 좋게 생각하는 사람'을 찾는 것도 방법이다. 마트에서 팔기 힘들 정도로 검게
변한 바나나도 무설탕 바나나 케이크를 만들고 싶은 사람에게는 딱 좋은 재료다.

51. 써보지 않으면 알 수 없는 힌트

카피를 쓰다 보면 어느 순간 갑자기 막히면서 사전 조사가 부족하거나 누락되었다는 사실을 발견하고 서둘러 확인하는 경우가 생긴다. 일이 진행된 후에야 비로소 깨닫게 되는 것도 많다는 말이다. 따라서 '일단 써보기'가 가장 중요하다.

52. '팔고 싶은 것'과 '원하는 것'은 다르다

'회사 세 곳에서만 쓰는 도료인데 이게 캐치 카피에 넣어야 할 내용인가요?' 외벽 도장 시공업체의 상담 내용이다. 읽는 이가 도장업자라면 흥미로운 내용이다. 하지만 읽는 사람이 단순히 깨끗한 벽을 원하는 건물주라면? 취급하는 곳이 3개 회사밖에 없다는 건 아무래도 상관없다. 판매자가 '팔고 싶은 것'과 고객이 '원하는 것'은 다를 수 있다.

53. 의외의 정보로 가치 높이기

충격적인 이야기가 하나 있다. 실은 여러분 집 정원이나 인근 공원에 새우나 게 같은 갑각류가 100마리 이상 서식하고 있다. 게다가 그 생물은….

- 지상에서 사는 '갑각류'
- 어디에든 있는 유럽 외래종
- 2~4년 생존
- 여러분도 만져본 적이 있을 것이다.
- 아이들이 좋아한다.
- 이 생물이 주인공인 그림책이 숱하게 많다.

정답은 공벌레다. '뭐야?' 하고 생각할지도 모르겠지만 여러분은 이제 공벌레를 좀 더 가치 있는 생물로 생각할 것이다. 이처럼 의외의 정보는 가치를 높여준다.

54. 페르소나부터 시작하면 실패한다 ·····························

많은 전문가가 '카피는 페르소나가 중요하다'라고 하지만, 그전에 먼저 타깃을 3가지 유형으로 구분하고 어떤 타깃을 목표로 삼을 것인지를 결정하자. 타깃 설정을 잘못하면 페르소나를 잘 만들어도 팔리지 않는다.

A형 타깃 그 상품을 구매하고 싶은 사람
B형 타깃 검토 중인 사람
C형 타깃 상품을 모르지만 베네핏에 흥미

55. 결점을 숨기면 고객은 떠난다 ·····························

히트가 예상되는 상품의 카피를 맡았다면? 일단은 결점을 찾아라. 고객은 상품을 보자마자 결점부터 간파한다. 구매욕이 높은 고객일수록 결점을 더 잘 파악한다. 결점에 솔직하지 않은 카피는 신용도를 떨어뜨린다.

56. 문장 리듬감을 개선하는 방법 ·····························

모든 문장을 '~다'와 같이 동일하게 끝맺으면 단조롭고 억양이 없는 카피가 된다. 문장 끝을 다듬어서 리듬감을 살리자. 3회 연속해서 똑같은 형태로 문장을 끝맺지 않도록 주의하자. 보통 2회 이하가 적당하다.

57. 마음의 소리로 캐치 카피를 강화하는 방법 ·····················

강렬한 캐치 카피가 필요하다면 '마음의 소리를 표현하는 방법'이 효과적이다. 예를 들어 치과 원장에 직원 연수 프로그램을 제안하는 카피라면 다음과 같은 느낌이다.

비포 직원 역량 강화와 동기부여에 고민인 원장님께
애프터 '월급 많이 주니까 열심히 일해 줬으면 좋겠어' 하고 고민 중인 원장님께

58. 단어 하나도 소중하다

'매출 폭발! 팔리는 블로그 제작법'과 같은 카피를 자주 볼 수 있다. 유사한 말이 두 번 반복되면 다른 하나는 표현으로 바꾸는 것만으로 정보의 가치를 높일 수 있다.

비포　매출 폭발! 팔리는 블로그 제작법
애프터　매출 폭발! 깔끔하고 스마트한 블로그 제작법

59. 읽는 이의 불안을 없애는 한마디

대면 영업으로 매출을 올리는 업종이라면 다음과 같은 한 마디가 반드시 필요하다.
<u>우리는 고객에 불쾌감을 주는 집요한 권유나 영업을 일절 하지 않습니다.</u>
읽는 이의 불안을 줄이면 반응이 올라간다.

60. 회사명도 카피라이팅의 일부

캐치 카피 다음으로 많이 읽히는 것이 회사명이다. '어떤 회사가 이런 말을 하는 거야?'라고 생각하기 때문이다. 자사의 서비스나 베네핏이 전달되는 사명이라면 괜찮지만, 만약 그렇지 않다면 사명 앞에 어떤 회사인지 알 수 있는 문장을 넣어 주면 좋다.

- 주택 인테리어는 ○○주식회사
- 외벽 도장은 ○○주식회사

61. 무엇을 위한 문장인가?

캐치 카피의 역할은 읽는 사람의 주목을 단번에 끌어 광고를 계속 읽게 만드는 것이다. 그런데 캐치 카피의 역할을 잘못 이해하고 있는 경우가 많다. 목적이 애매한 상태로 카피를 쓰면 팔리는 카피를 쓸 수 없다. 무엇을 위한 문장인지 자신에게 항상 되물을 필요가 있다.

62. '너무 싼데 괜찮을까?'를 불식하는 한마디 ....

마트에서 장을 보는데 홋카이도산 대게를 저렴하게 팔고 있었다. 사려고 다가가
보니 이런 카피가 적혀 있다.

다리가 잘려서 상품성이 낮은 대게를 특별가로 판매.
살도 가득 차 있고 맛도 변함없어요.

저렴하게 판매할 때 이런 카피가 있다면 '너무 싼데 괜찮을까?'라는 생각을 불식
할 수 있다.

63. 가격 표시도 카피라이팅의 일부 ....

'O원 할인' 'O% OFF'와 같은 카피를 자주 보는데 뭔가 아쉽다. 고객 대부분은
할인 전의 가격을 모르기 때문이다. 할인 행사를 할 때는 원래 얼마였던 상품이
얼마나 할인하는지 알려주자. 가격을 가늠할 수 없는 상품이라면 더욱 중요하다.

64. 스토리는 전달하기 쉽고 기억에 오래 남는다 ....

'정직성과 솔직함의 가치와 중요성'을 어린아이에게 어떻게 설명할 것인가? 대부
분 쉽지 않다고 생각할 것이다. 대신에《금도끼 은도끼》동화책을 읽어주면 어떨
까? 이야기에 빠진 아이의 모습이 떠오르지 않는가? 오랫동안 책을 읽지 않았더
라도 많은 사람이 그 이야기의 줄거리를 기억하고 있다. 이것이 스토리의 힘이다.
스토리는 전달하기 쉽고 기억에도 오래 남는다.

65. 카피라이팅과 마케팅은 '참을성 대회' ....

원래 카피라이팅과 마케팅은 단번에 매출을 올리는 기술이 아니다. 실패 원인을
찾고 개선책을 마련하는 기술이다. 즉 한자리에 자리 잡고 앉아 기다리고 있지 않
으면 기회를 낚을 수 없다. 필자가 아는 성공한 클라이언트들은 대부분 참을성이
뛰어나다.

66. 팔리지 않는 상황에서 돌파구를 찾는 7가지 질문 ·················

아무리 해도 팔리지 않는다면? 다음 7가지 질문으로 돌파구를 찾아보자. 매출 상승의 계기를 만들 수도 있다.

① 남자만? 여자만?
② 본인만?
③ 다른 연령층은?
④ 다른 사용 용도는?
⑤ 이 업종만?
⑥ B2C만? B2B만?
⑦ 단점을 좋게 생각하는 사람은?

67. 읽는 이의 가치관에 편승하라 ·······························

사람 마음은 쉽게 변하지 않는다. 아무리 좋은 제안도 지금 그대로이기를 바라는 마음을 이길 수 없다. 따라서 읽는 사람의 확신에 편승한 메시지가 효과적이다. 읽는 사람이 이미 경험한 일, 올바르다고 생각하는 것에 일단 맞추자. 그리고 지금보다 한발 더 나아갈 수 있는 방법을 매력적으로 전달하자. '강압적인 메시지'가 아니라 '다가서는 메시지'가 필요하다.

68. 카피를 쓰다가 막히는 진짜 이유 ·······················

카피를 쓰다가 도중에 막히는 경우가 많다. 막히는 이유는 대부분 구성이 빈약하기 때문이지만 정보 부족도 무시할 수 없다. 좋은 아이디어가 나오지 않기 때문에 쓸 수 없는 것이 아니라 모르기 때문에 쓸 수 없는 것이다.

69. 팔리는 스토리는 V자형 ··

사람들이 좋아하는 영화나 만화는 대부분 다음과 같은 구성으로 이루어져 있다.

① 일상 → 문제 발생
② 최악 → 극복
③ 성공

이는 'V자형 스토리 구성'이다. 대부분의 할리우드 영화가 이 구성으로 이루어져 있다. V자형 스토리 구성은 광고 효과도 높여준다. 감정의 변화로 인해 기억에 오래 남기 때문이다. 자기소개에서도 V자형 스토리 구성을 자주 볼 수 있다.

70. 읽는 사람이 사용하는 말로 표현하자 ································

카피는 알기 쉬워야 한다. 하지만 타깃이 일상적으로 사용하는 전문 용어는 그대로 쓰는 게 좋다. 예를 들어 타깃이 치과의사라면 '가운데 앞니 → 유중절치', 바텐더라면 '위스키잔 → 글렌캐런' '개량컵 → 지거'와 같은 식이다. 전문적인 상품을 판매할 때는 특히 중요한 포인트다. 업계를 모르는 사람의 메시지는 신용하려하지 않기 때문이다.

71. 캐치 카피를 찾아라! ··

다음의 공통점은?

① 이메일의 제목   ② 블로그의 제목   ③ YouTube의 제목 또는 썸네일

정답은 '맨 처음 보는 카피'다. 즉 캐치 카피라는 말이다. 어떤 매체든 캐치 카피가 존재한다. 가장 신경 써야 할 부분이다. 고객은 캐치 카피를 보고 읽을지 말지를 순간적으로 판단한다.

72. 읽는 이의 본심을 간파하라

A에게 누군가가 "왜 늘 빅맥만 먹어?"라고 묻는다면 A는 '소스가 가장 맛있으니까'라고 거짓말을 한다. 실제 이유는 크고 양이 많아서다. 크니까 먹는다는 말은 민망해서 못한다. "그러니까 살이 찌지."라는 말을 듣고 싶지 않기 때문이다. 이처럼 고객은 본심을 말하지 않고 그럴싸한 이유로 포장한다. 고객의 마음을 움직이려면 '본심'을 간파해야 한다.

73. 팔리는 카피의 형태

아무리 긴 카피도 아래 구성을 기억하면 헷갈리지 않는다.

① 캐치 카피(읽는 사람의 주의를 단번에 끈다.)
② 리드 카피(계속 읽게 만든다.)
③ 보디 카피(베네핏이 이뤄지는 이유를 적는다.)
④ 클로징 카피(지금 신청해야 할 이유를 적는다.)
⑤ 신청 방법(신청은 최대한 간단한 방법으로)

74. 원하는 사람에게 원하는 것을 판다는 생각

베네핏이 잘 떠오르지 않는 이유는 읽는 사람을 모르기 때문이다. 읽는 사람을 모르면 타깃을 좁힐 수 없다. 타깃을 좁힐 수 없는 이유는 살 생각이 없는 사람에게도 팔려고 하기 때문이다. 욕심을 버려야 좋은 카피를 쓸 수 있고 원하는 사람에게 원하는 것을 팔 수 있다.

75. 장문의 카피를 쓰는 요령 ··

장문의 카피를 쓰는 것은 쉽지 않다. 쓰는 도중에 갈피를 잡지 못하고 혼란스러워 하는 사람이 많다. 하지만 '읽는 이에게 바라는 반응의 순서'를 생각하면서 쓰면 훨씬 수월하며 설득력도 높아진다. 예를 들면 다음과 같다.

① 그 이야기 궁금하군.
② 응, 맞아.
③ 응? 무슨 말이야?
④ 역시!
⑤ 그렇다면 사야겠어.

76. 궁금증을 유발하는 카피란? ··

다음 중 궁금증을 유발하는 것은?

캐치 카피 A '서울대에 합격했어요'
캐치 카피 B '서울대에 합격한 이유'

말할 것도 없이 B다. B는 유명 입시 학원의 광고 카피다. '왜' '어째서' '이유', 이 3가지 단어를 잘 활용하면 궁금증을 유발하는 캐치 카피를 쓸 수 있다.

77. 반응을 이끄는 한 마디 ··

단 한 마디로 반응을 이끄는 말이 있을까? "그런 말은 없어요!"라고 말하고 싶지 만, 지금까지 경험을 토대로 말하면 'O명 한정' 'O일에 종료'와 같이 긴급성이나 희소성을 어필하는 카피는 빠른 효과를 볼 수 있다. 이는 '관심은 있는데 다음에 사야겠어'라는 고객이 많다는 반증이다.

78. 고객은 이렇게 읽는다 ·····························

고객은 광고를 어떻게 읽을까?

A '처음부터 끝까지 찬찬히 읽는다'
B '한번 훑듯이 보다가 관심 있는 부분이 나오면 읽는다'

대체로 B처럼 읽을 것이다. 따라서 구매를 위해 필요한 정보는 빠짐없이 넣는 것이 좋다. 이후는 고객이 필요한 정보가 있으면 읽고 판단할 것이다. 카피에 문장이 많은 이유가 이 때문이다.

79. 잃지 않는 방법을 강조하라 ·····························

동전을 던져서 앞이 나오면 10만 원을 받고, 뒤가 나오면 5만 원을 지불한다. 이런 게임이 있다면 참가하겠는가? 같은 확률인데 이기면 진 것의 2배를 받으므로 수학적으로는 이득이지만 대부분은 참가하지 않는다고 한다. 유명한 심리 실험 결과에 따르면, 사람은 이겼을 때의 기쁨보다 졌을 때의 손실에 대한 고통을 2~4배 정도 더 많이 느낀다고 한다. 즉 '이익을 얻는 방법'뿐만 아니라 '잃지 않는 방법'을 강조하는 광고가 효과적이다.

80. 소제목은 제2의 캐치 카피 ·····························

인터넷 쇼핑몰, 블로그, 전단지 등에서 소제목은 매우 중요하다. 좋은 카피는 소제목만 봐도 읽을 가치가 있는 광고인지 알 수 있다. 즉 단순 요약은 의미가 없다는 말이다. 베네핏을 알 수 있고 궁금증을 유발하는 소제목이 필요하다. 소제목은 제2의 캐치 카피와 다름없다.

81. 읽는 이를 머리 쓰게 하지 말라 ·······························

카피를 첨삭 지도할 때마다 '어려운 표현은 절대 안 돼!'라는 생각을 많이 한다. 광고를 볼 때 머리를 쓰고 싶은 사람은 아무도 없다. 지금까지 다양한 카피를 써왔지만, 의사가 대상인 의료 기술 세미나 광고도 전문 용어를 제외하면 알기 쉬운 카피가 반응이 좋았다. 카피는 어린아이가 봐도 알 수 있어야 한다.

82. 알기 쉽게 전달하는 방법 ································

카피를 알기 쉽게 전달하려면 어떻게 해야 할까?

① 어린아이도 알 수 있는 표현
② 구체적으로 말하기
③ 불필요한 말 지우기
④ 한자어 줄이기
⑤ 숫자로 표현하기
⑥ 의미 없는 형용사 줄이기
⑦ 긴 문장은 짧은 문장으로 나누기

　위와 같이 다양한 방법이 있지만, 가장 먼저 매력적인 베네핏을 언급해야 한다. 베네핏이 없으면 읽을 가치가 없기 때문에 궁금해하지 않는다. 알기 쉽게 쓰기 전에 우선 '알고 싶게 쓰겠다'라는 마음가짐이 중요하다.

83. 구체화 + 쉬운 말 = 알기 쉽다 ·····················

어려운 말은 구체화해서 다소 구구절절하더라도 쉬운 말로 표현하면 알기 쉬운 문장이 된다. 예를 들어 '산정 기초 서류'라는 단어는 다음과 같이 표현할 수 있다.

① 구체화
→ 매월 지불한 사회보험료나 향후 받을 수 있는 연금을 산정하기 위한 서류
② 쉬운 말
→ 매월 내는 사회보험료나 앞으로 받을 수 있는 연금을 계산할 때 실수하지 않기 위한 서류

84. 페르소나를 만드는 요령 ·····················

페르소나란 이상적인 고객상을 말한다. 많은 회사가 페르소나를 중시하지만, 주의해야 할 점이 있다. 페르소나는 그저 항목들을 적은 체크리스트만으로 완성되지 않는다. 타깃을 이미지화할 수 있어야 한다. 목소리가 들리고 표정이 보여야 한다. 참고로 페르소나에 이름을 붙이면 정말로 존재하는 사람과 같은 느낌이 든다.

85. 캐치 카피 테스트 대원칙 ·····················

반응이 나쁘지 않은 광고라면 캐치 카피 테스트는 하나의 요소만 바꿔서 진행하자. 여러 개를 바꾸면 변화의 요인을 찾기 힘들기 때문이다.

A 한겨울에도 땀이 차는 내의
B 한겨울에도 후끈후끈한 내의

　참고로 아무 반응이 없는 광고는 이 테스트가 의미가 없다.

86. 대충 봐도 가치를 알 수 있게 쓰는 법 ·····························

베네핏을 제목으로 하고 특징을 각 항목으로 나열하면 대충 봐도 가치가 전달
된다.

충치를 미네랄로 살균하는 미국의 새로운 치과 치료 기술. 치아를 깎아내지 않기
때문에 아프지 않다.

↓

'통증 없는 충치 치료'

– 치아를 깎지 않는다

– 충치를 미네랄로 살균

– 미국의 새로운 치과 치료 기술

87. 다른 시각으로 보기 ·····························

초등학생 때 힘들었던 독서 감상문이 '여러분이 좋아하는 책을 반 친구들이 흥미
를 갖도록 알려주세요'라는 과제였다면 어땠을까? 조금은 더 재미를 느꼈을지 모
른다. 잘 팔리지 않을 때는 다른 시각으로 볼 필요도 있다.

88. 이미지 아래의 카피는 읽는다 ·····························

이미지 아래에 있는 문장을 캡션이라고 한다. 이 부분은 읽을 확률이 제법 높다.
이상하다고 생각할지도 모르겠지만, 여기에는 이미지를 설명하는 글을 쓰면 안
되고 광고 본문으로 유도하는 글을 써야 한다. 광고에서 캡션은 다음 문장을 읽게
하기 위해 존재한다.

89. 리서치를 할 때 필요한 마음가짐 ·······························

'우리 아이를 학원에 보내 입시 공부를 시킬 생각은 없다. 뭐든 좋으니 열중해서 할 수 있는 하나를 찾아 친구들과 즐겁게 놀면서 성장하길 바란다.' 이렇게 생각하는 필자도 카피로 100곳이 넘는 입시 학원에서 성공을 거뒀다. 리서치 덕분이다. 리서치를 할 때는 자신에게 없는 가치관을 경험하겠다는 자세가 무엇보다 중요하다.

90. 불쾌한 러브레터? ·································

'카피는 러브레터처럼 써라'라고 하는 사람도 있다. 그런데 전혀 관심도 없는 사람에게 러브레터를 받으면 그다지 유쾌하지 않다. 러브레터는 호감 있는 상대에게 받아야 기쁜 법이다. 즉 뜨거운 메시지를 보내기 전에 먼저 좋은 관계를 맺는 것이 중요하다.

91. 판매자의 머릿속에 정답은 없다 ·······················

'캐치 카피에 이런 말은 어떤가요?' '이미지를 넣는 게 좋을까요?' '신청 버튼은 위에 있는 게 좋을까요?'와 같은 질문은 그 자체가 잘못되었다. 묻기 전에 테스트를 해야 한다. 아무리 머리로 생각해도 실전은 다를 수 있다.

92. 명령보다는 부탁 ·································

아이를 혼낼 때 '아빠가 하는 말 좀 들어라'라고 하기보다는 '아빠를 좀 믿어줘'라고 하는 것이 효과적이었다. 나이와 성별에 상관없이 사람은 명령을 싫어하지만, 부탁은 반드시 싫지만은 않다.

93. 무턱대고 팔기보다는 원하게 만드는 카피를 ·················

카피를 쓸 때 의욕만 앞세우기보다는, 일단 힘을 빼고 커피를 마시며 다음과 같이 생각하자.

'어떤 사람에게 필요할까?'
'뭐라고 해야 관심을 가질까?'

읽는 이의 입장이 되어 상품을 원하게 만드는 카피를 쓰자.

94. 읽히는 카피란? ·······························

상품의 장점을 말하기보다는 어떻게 하면 읽는 사람의 욕구가 이뤄지는지, 그 방법을 어필하자. 이런 생각으로 써야 읽히는 카피가 된다.

95. 설득이 실패하는 이유 ·····················

설득하려고 하면 할수록 읽는 사람은 흥미를 잃는다. 읽는 사람이 스스로 깨닫게 만드는 것이 중요하다. 욕구가 이뤄지지 않는 원인과, 욕구를 만족시키기 위해 필요한 것이 무엇인지 깨닫게 하자. 가장 현명한 방법이 무엇인지 알 수 있도록 돕는다. 사람을 바꾸기는 힘들다. 스스로 바꿀 수 있는 계기를 마련해 주자.

96. 팔리는 카피를 쓰는 요령 ·················

누구나 다음 3가지를 실천하면 팔리는 카피를 쓸 수 있다.

① 타깃 좁히기
② 타깃이 원하는 것 알기
③ 원하는 것을 이룰 수 있는 방법을 매력적으로 어필하기

97. 팔리는 카피의 3가지 조건

① 베네핏 어필

고객은 상품으로 얻을 수 있는 즐거운 미래(베네핏!)에 돈을 지불한다.

② 타깃 좁히기

읽는 이를 구체화하지 않으면 그들이 원하는 베네핏을 알 수 없다.

③ 질문하기

사람은 타인에 의해서는 쉽사리 바뀌지 않는다. 스스로 깨닫고 행동할 수 있도록 질문하자.

98. 일반적인 카피와 팔리는 카피의 차이점

일반적인 카피는 처음에 상품을 소개하고 장점을 어필한다. 이렇게 하면 상품에 흥미가 있는 사람만 관심을 보인다. 팔리는 카피는 처음에 베네핏(즐거운 미래)을 소개하고 그것이 이뤄지는 이유를 어필한다. 이렇게 해야 많은 사람이 읽는다.

99. 캐치 카피가 판매의 시작점

고객은 광고를 (보고도)

① 읽지 않는다.
② 믿지 않는다.
③ 행동하지 않는다.(사지 않는다.)

이는 광고계의 거물 맥스웰 색하임이 주장한 3원칙이다. ①이 해결되지 않으면 ②와 ③은 의미가 없다. 그만큼 캐치 카피가 중요하다. '읽어볼까?'라는 마음이 들도록 만드는 최초의 한 마디가 없으면 아무것도 할 수 없다.

100. 카피란 무엇인가? ··

착각은 금물이다. 카피는 팔기 위해 거짓말을 하는 기술이 아니다. 어떤 상품도 그 상품 나름의 강점을 원하는 사람이 반드시 존재한다. 그런 사람을 찾아서 마음을 움직일 수 있는 제안을 생각하고 매력적인 말로 어필하는 기술이 바로 카피다. 거짓말로 현혹하는 판매 기술이 아니라 원하는 사람에게 원하는 것을 판매하는 기술이다.

'모험'이 아닌 '생존'을 위한 카피라이팅

팬데믹(pandemic)을 겪고 나서 일상생활이 크게 변하기 시작했어요. 비즈니스 방식을 바꿔야 하는 업종도 늘고 있죠. 특히 모든 기업이 비대면과 비접촉을 통한 매출 확보가 새로운 과제가 되었습니다. 이런 때일수록 '언어의 힘'이 중요합니다.

제가 운영하는 온라인 카페에도 배달, 온라인 강좌, 인터넷 쇼핑 등 업종을 가리지 않고 카피라이팅의 중요성을 실감하는 사람들이 늘고 있습니다. 이들 대부분은 처음 배우는 카피로 신세계를 경험하고 있지요. 카피라이팅은 비대면 및 비접촉 비즈니스에서 더욱 필요한 기술이라고 생각합니다.

저는 다양한 경험을 하면서, 카피는 모험하는 기술이 아니라 살아남기 위한 기술이라는 확신을 갖게 되었습니다. 카피라이팅을 활용해 더 많은 사람들이 놀라운 성과를 얻어 행복해지기를 바랍니다.

마지막으로 한 마디만 덧붙이자면, 여러분의 상품은 문제없습니다. 잘 팔리지 않는 이유는 상품의 장점을 알아주는 사람을 만나지 못해서일 뿐이죠. 두고 보세요. 멋진 카피는 알아서 고객들을 끌어당기고, 설득하고, 사로잡을 겁니다.

오하시 가즈요시

옮긴이 신찬

인제대학교를 국어국문학과를 졸업하고, 한림대학교 국제대학원 지역연구학과에서 일본학을 전공하며 일본 가나자와국립대학 법학연구과 대학원에서 교환학생으로 유학했다. 일본 현지에서 한류를 비롯한 한일 간의 다양한 비즈니스를 오랫동안 체험하면서 번역의 중요성과 그 매력을 깨닫게 되었다. 현재 번역 에이전시 엔터스코리아에서 출판 기획 및 일본어 전문 번역가로 활동 중이다. 옮긴 책으로는《예민한 게 아니라 섬세한 겁니다》《나는 죽을 때까지 나답게 살기로 했다》《기상 예측 교과서》《인생이 술술 풀리는 말습관의 비밀》외 다수가 있다.

다 팔아버리는 백억짜리 카피 대전

끌어당기고, 설득하고, 사로잡는, 불후의 카피들

1판 1쇄 펴낸 날 2022년 7월 5일
1판 5쇄 펴낸 날 2024년 7월 25일

지은이 오하시 가즈요시
옮긴이 신찬

펴낸이 박윤태
펴낸곳 보누스
등록 2001년 8월 17일 제313-2002-179호
주소 서울시 마포구 동교로12안길 31 보누스 4층
전화 02-333-3114
팩스 02-3143-3254
이메일 bonus@bonusbook.co.kr

ISBN 978-89-6494-555-1 03320

• 책값은 뒤표지에 있습니다.

독자 여러분, 두꺼운 책이지만 끝까지 읽어주셔서
진심으로 감사합니다. 다시 책의 맨 처음 문제로
돌아가 봅시다. 이제 여러분은 '소구'와 '표현법'을 비롯한
카피의 기본을 이해했다고 생각합니다.
어떤가요? 모든 게 새롭게 보이지 않나요?
'검은 바나나'도 팔 수 있다는 자신감이 생기지 않았나요?
모든 상품과 서비스는 나름의 강점이 있습니다.
아무쪼록 이 책이 그 가능성을 찾는 무기가 되길 바랍니다.